मुमकिन नहीं है तुम बिन

MUMKIN NAHIN HAI TUM BIN

राघवेंद्र सिंह 'रघुवंशी'

Copyright © Raghavendra Singh Raghuvanshi
All Rights Reserved.

This book has been published with all efforts taken to make the material error-free after the consent of the author. However, the author and the publisher do not assume and hereby disclaim any liability to any party for any loss, damage, or disruption caused by errors or omissions, whether such errors or omissions result from negligence, accident, or any other cause.

While every effort has been made to avoid any mistake or omission, this publication is being sold on the condition and understanding that neither the author nor the publishers or printers would be liable in any manner to any person by reason of any mistake or omission in this publication or for any action taken or omitted to be taken or advice rendered or accepted on the basis of this work. For any defect in printing or binding the publishers will be liable only to replace the defective copy by another copy of this work then available.

क्रम-सूची

क्रम-सूची

क्रम-सूची

समर्पण

मेरा काव्य संग्रह "मुमकिन नहीं है तुम बिन" समर्पित है उस अजनबी को जिसका एहसास मात्र मुझमें समाहित होने से , मेरे हृदय में प्रेम रूपी काव्य की एक गंगा प्रवाहित होने लगी।

मेरे अंदर निष्क्रिय पड़े हुए काव्य के बीज को अपने प्रेम रूपी जल से सींच कर अंकुरित करके एक परिपूर्ण वृक्ष का रूप देने के लिए मैं उसका तह-ए-दिल से शुक्रिया अदा करता हूँ।

इसके साथ ही मैं ईश्वर तथा उन समस्त लोगों,जो मुझसे प्रेम या नफरत करते हैं,घटनाओं और अदृश्य शक्तियों , जिन्होंने काव्य सृजन के अनुरूप दशाएं उत्पन्न कीं या जिन्होंने मुझे काव्य सृजन के लिए प्रेरित किया , का हृदय की अनन्त गहराइयों से आभार प्रकट करता हूँ।

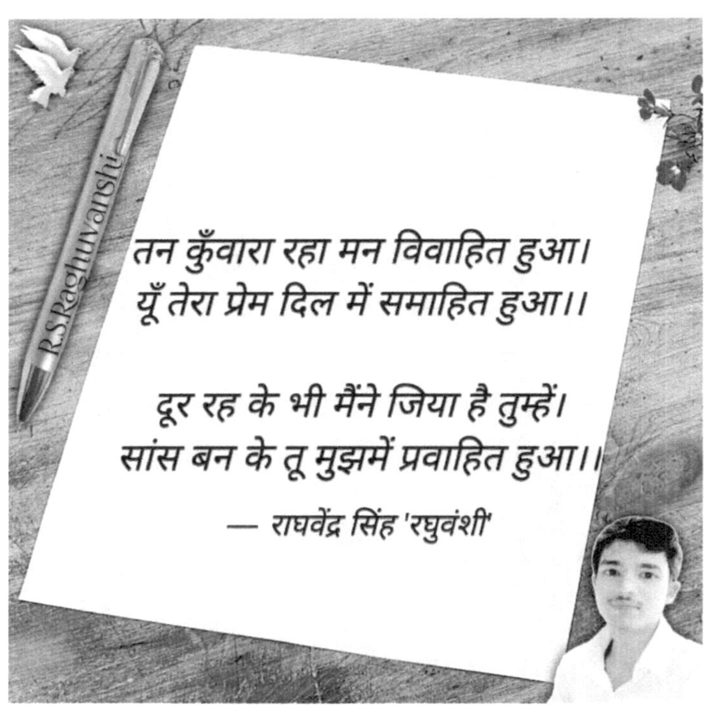
तन कुँवारा रहा मन विवाहित हुआ।
यूँ तेरा प्रेम दिल में समाहित हुआ।।

दूर रह के भी मैंने जिया है तुम्हें।
सांस बन के तू मुझमें प्रवाहित हुआ।।

— राघवेंद्र सिंह 'रघुवंशी'

राघवेंद्र सिंह 'रघुवंशी'

राघवेंद्र सिंह 'रघुवंशी' एक उभरते हुए यूवा कवि, गीतकार और शायर हैं जिनका जन्म 17 जुलाई सन 1997 को उत्तर प्रदेश राज्य के हमीरपुर जिले (बुंदेलखंड) में यमुना और बेतवा के संगम पर स्थित ग्राम पत्योरा में हुआ।

इनके पिता श्री रामेंद्र सिंह एक कृषक एवं माताजी श्रीमती रानी सिंह एक ग्रहणी है। प्रारंभिक शिक्षा इन्होंने अपने गांव में ही प्राप्त की। इसके बाद आगे की पढ़ाई के लिए यह कानपुर नगर गए और वहां इन्होंने मैकेनिकल इंजीनियरिंग की शिक्षा प्राप्त की।

वर्तमान में यह एक निजी क्षेत्र की कंपनी में कार्यरत हैं।

बचपन से ही इनकी रुचि गीत और संगीत दोनों में ही थी लेकिन किसी कारणवश ये संगीत की तालीम हासिल नहीं कर पाए ।

शुरू से ही प्राकृतिक सौंदर्य , खेत खलिहान पेड़ पौधों से इनका विशेष लगाव था और आज भी है ।

राघवेंद्र सिंह 'रघुवंशी' मुख्यतः श्रृंगार रस में कविताएं गीत गजल और शायरी लिखते हैं परंतु अन्य रस भी इनसे अछूते नहीं है।

रघुवंशी जी का यह दसवां काव्य संग्रह है, इनके अन्य काव्य सँग्रह - 'इश्क़ गुनाह है' , 'मैं आवारा' , 'मैं मानव हूँ' , 'अधूरी मोहब्बत' , 'दर्द-ए-दिल' , 'चांद सा चेहरा' , 'मंजिल हो तुम' , 'जिंदगी कुछ नहीं' और 'इश्क है खुदखुशी' प्रकाशित हो चुके हैं। जिसमें बहुत ही हृदय स्पर्शी गीत, ग़ज़लों, कविताओं, अशआर और शायरियों का संग्रह किया गया है।

जिन्हें आप ऑनलाइन नोशन प्रेस पब्लिकेशन के स्टोर से ,

राघवेंद्र सिंह 'रघुवंशी'

Amazon या Flipkart से मंगा सकते हैं।

संपर्क सूत्र-

Mob-

+91 6387961897

+91 7992099065

Email- singh04211@gmail.com

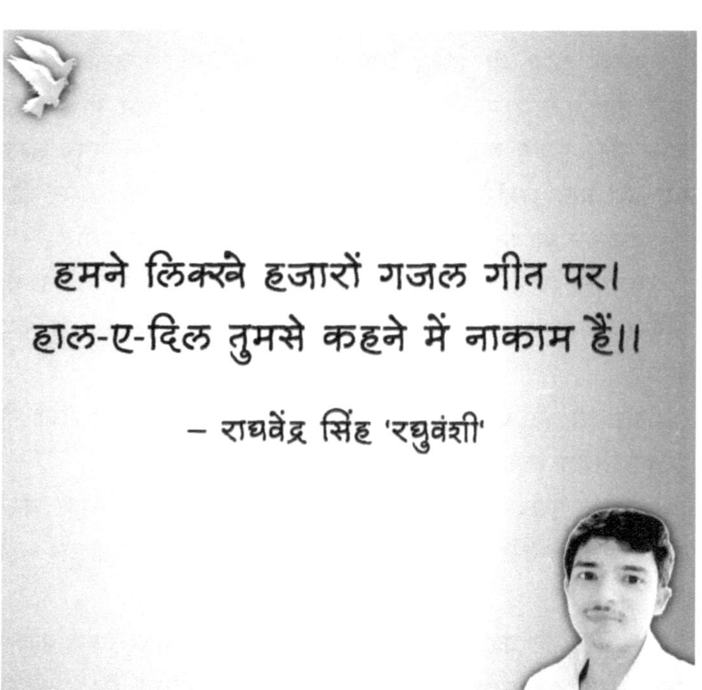

भूमिका

काव्य हमारे दिल की उपज होती है।इसमें हमारे दिमाग का जोर नहीं चलता है और सच्चे अर्थों में वही कविता , गीत , ग़ज़ल , शेर-ओ-शायरी हृदय स्पर्शी होती है जोकि हमारे दिल से निकलती है।अगर काव्य के साथ जोर जबरदस्ती की जाए तो यह सरस न होकर कर्कश हो जाता है।इसमें भाव की प्रधानता होती है।

अगर आप मेरे इस काव्य संग्रह को काव्य की तरह दिल से पढ़ेंगे तो आपको अति आनंद की प्राप्ति होगी परंतु यदि आप इसे व्याकरण की दृष्टि से देखेंगे तो हो सकता है कि आपको निराशा हो क्योंकि मैं कोई प्रोफेसर नहीं हूँ इसलिए मैं व्याकरण पर जोर न देकर सिर्फ भाव पर ध्यान रहता है।

मेरा व्यक्तिगत मानना है कि कविता गीत ग़ज़ल और शायरी अगर गेय यानी कि गाने योग्य धुन में है तो आपको बहर मीटर में एक एक मात्राओं के जोड़ घटाव पर विचार करने की कोई जरूरत नहीं है।फिर भी कुछ लोग बहर को ही ज्यादा महत्वपूर्ण मानते हैं तो ये उनका अपना मानना है।

क्योंकि मेरा ये मानना है कि आम लोग कभी बहर या मीटर की जांच पड़ताल करके कविताओं को पसंद नहीं करते जो भी उनके दिल को पसंद आ जाये वही सर्वश्रेष्ठ, सर्वोत्तम है फिर चाहे वह बहर में हो चाहे बे बहर हो,उन्हें काफिया और रदीफ से भी बहुत ज्यादा मतलब नहीं रहता।

वही काव्य सर्वोत्तम है जो आम आदमी की समझ में आए और उसकी जुबान बोले।अर्थात मैं हूँ या कोई और कवि लेखक या

शायर वो सिर्फ प्रबुद्धजनों या उस्तादों के पढ़ने के लिए नहीं लिखते।

आप मेरे कहने का आशय भली भांति समझ गए होंगे।बस इन्ही शब्दों के साथ मैं अपनी बात को यहीं पर विराम देता हूँ।

"व्यर्थ 'रघुवंशी' है दिल लगाना यहाँ।

कुछ नहीं दुनिया है एक छल दोस्तों।।"

~ राघवेंद्र सिंह 'रघुवंशी'

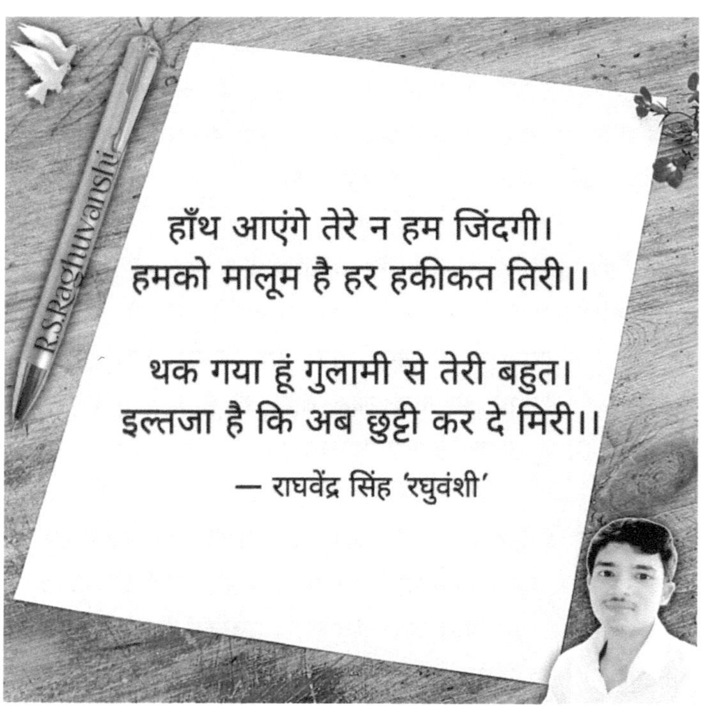

ग़ज़ल संग्रह

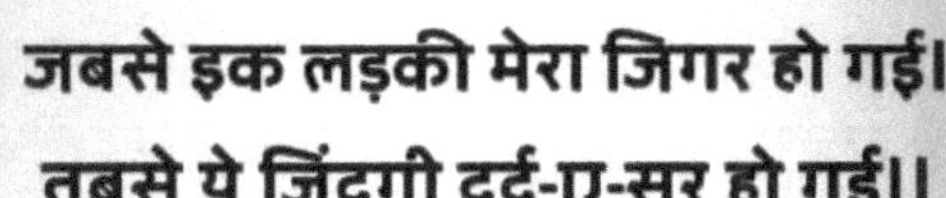

जबसे इक लड़की मेरा जिगर हो गई।
तबसे ये जिंदगी दर्द-ए-सर हो गई।।

खुद हुई पहले फिर मुझको पागल किया।
फिर वही मुझसे खुद बेखबर हो गई।।

– राघवेंद्र सिंह 'रघुवंशी'

जाया है मुद्दतों से गजलों में गम का लिखना।
मैं हूँ उदास ये भी क्या बोल कर बताऊँ।।

– राघवेंद्र सिंह 'रघुवंशी'

1. मुमकिन नहीं है तुम बिन

मुमकिन नहीं है तुम बिन पल भर भी सांस लेना।
मैं लड़खड़ा रहा हूं मेरा हाथ थाम लेना।।

तेरे प्यार के नशे में मैं चूर हो गया हूं।
बहके कदम मिरे गर मुझे तुम सम्हाल लेना।।

कीजै न हमसे नफरत हम जी न पायेंगे यूँ।
रुख मोड़ने से पहले मिरा कफ़न नाप लेना।।

उल्फत के समंदर में तुम कूदने से पहले।
सौ बार तसल्ली से गहराई भाँप लेना।।

करना अगर मुहब्बत रोना न फिर किसी से।
मिरी इतनी सी हिदायत तुम गांठ बांध लेना।।

कहीं रंग ना बदल दे जो गुल नया चुनो तुम।
मिरी जान उसे पहले अच्छे से जान लेना।।

आसां नहीं है मंजिल 'रघुवंशी' मुहब्बत की।
मिल जाएगी जरा तुम हिम्मत से काम लेना।।

2. गुजर के हद से ज़माने की तुम्हें चाहेंगे

गुजर के हद से ज़माने की तुम्हें चाहेंगे।
तेरे चेहरे पे सुकूँ बन के बिखर जाएंगे।।

घुल जाएंगे हम इक रोज इस कदर तुझमें।
हम तेरे होंठों की लाली में नजर आएंगे।।

हमसे कीजै फ़रेब लाख रक़ीबों से वफ़ा।
मर के भी जान-ए-वफ़ा हम वफ़ा निभाएंगे।।

दिल की दुनिया में मेरी लौट के तुम आ जाओ।
हर तेरा जुल्म-ओ-सितम हँस के हम उठाएंगे।।

करे कोई भी जतन लाख जानने को मगर।
किसी से राज़ तुम्हारा नहीं बताएंगे।।

हमें 'रघुवंशी' जिंदगी जो कर्ज में है मिली।
लगेगा वक़्त पाई - पाई हम चुकाएंगे।।

3. दिल में आए न कोई खबरदार हैं

दिल में आए न कोई खबरदार हैं।
जल के हम याद में तेरी अंगार हैं।।

मर गए लोग वो इश्क जिनको हुआ।
जो हैं जिंदा वो मरने को तैयार हैं।।

जो मुनासिब समझिए सजा दीजिए।
प्यार करने के हम भी गुनहगार हैं।।

ढल गई उम्र गुजरा जमाना मगर।
आज भी हम तुम्हारे तलबगार हैं।।

मत कहो मेरे अशआर को कल्पना।
अक्षर अक्षर मिरे दिल के उदगार हैं।।

कट गई इक सदी दूर रहके मगर।
आज भी आप मुझ में असरदार हैं।।

जिनको इंसान कहते हो 'रघुवंशी' तुम।
वो महज इस जमाने में किरदार हैं।।

4. मेरे गमगीन होने पे गम ना करो

मेरे गमगीन होने पे गम ना करो।
आप जुल्म-ओ-सितम मुझपे कम ना करो।।

जाँ सी महसूस होती है मिलकर तुम्हें।
दूर जाकर यूँ हम पर सितम ना करो।।

हमने दिल के लहू से है सींचा इसे।
चंद पल में ये रिश्ता खतम ना करो।।

हमको भी जीने दो चैन से चंद दिन।
इस तरह नाक में मेरी दम ना करो।।

हम जिए हैं जमाने से ऐसे ही पर।
आप मेरे लिए आँख नम ना करो।।

एक दिन होगी कामिल मुहब्बत तेरी।
हौसला दिल का 'रघुवंशी' कम ना करो।।

5. हर इक इंसान में

हर इक इंसान में तन्हाई का सहरा निकलता है।
अब हर दिल में समंदर पीर का गहरा निकलता है।।

मतलबी लोग हैं हर-सू ये दुनिया देख ली हमने।
जिसे आवाज दो दिल से वही बहरा निकलता है।।

हजारों दर्द-ओ-गम का बोझ अपने दिल पे रखते हैं।
ग़ज़ल का तब कहीं जाकर एक मिसरा निकलता है।।

किसी से दूर होकर भी किसी के साथ में रहना।
सबब तन्हाई का मेरी महज इतना निकलता है।।

जहां पर सींचना चाहो गला इक चुल्लू पानी से।
वही 'रघुवंशी' दरिया ताल इक ठहरा निकलता है।।

6. नजरें न यूँ लड़ाओ कहीं हम बहक न जाएं

नजरें न यूँ लड़ाओ कहीं हम बहक न जाएं।
जुल्फें न यूँ लहराओ कहीं हम बहक न जाएं।।

इस तरह की शरारत सरेआम नहीं अच्छी।
बिजली न यूँ गिराओ कहीं हम बहक न जाएं।।

वैसे भी अब नहीं है कोई जोर मेरा मुझ पे।
यूँ बात न बढ़ाओ कहीं हम बहक न जाएं।।

रहने दो फासला तुम तेरे मेरे दरमियां कुछ।
नजदीक न यूँ आओ कहीं हम बहक न जाएं।।

लिख लिख तुम्हें ग़ज़ल में तनहा मुझे गाने दो।
मेरे साथ न तुम गाओ कहीं हम बहक न जाएं।।

रहने दो बेसुरी अब मेरी जिंदगी को यूँ ही।
तुम ताल न मिलाओ कहीं हम बहक न जाएं।।

7. मिरे दिल का इमान हो

मिरे दिल का इमान हो मिरी दुआ तुम हो।
मिरा तुम दर्द-ए-जिगर हो मेरी दवा तुम हो।।

मिरी मंजिल हो जिंदगी हो सांस हो मेरी।
सीने में दिल हो मिरा तुम मिरी सदा तुम हो।।

तुम इबादत हो खुदा हो मेरी मुहब्बत हो।
मिरी नाकाम जिंदगी का फलसफा तुम हो।।

मिरा एहसास मिरी प्यास मिरी किस्मत हो।
जिसने शायर बनाया मुझको वो बला तुम हो।।

मिरी इस जिंदगी की नींव हिला दी जिसने।
जहां का सबसे भयानक वो जलजला तुम हो।।

मिरे दिल की हो तड़प तुम हो मिरे गीत-ग़ज़ल।
बह रही आंसुओं के संग मिरी वफा तुम हो।।

है गिला खुद के रवैये से हमें 'रघुवंशी'।
मैंने ये कब लिखा कि यार बेवफा तुम हो।।

8. मेरा उन्हें भुलाना बेहद है अब जरूरी

मेरा उन्हें भुलाना बेहद है अब जरूरी।
उन्हें बात ये बताना बेहद है अब जरूरी।।

उल्फत की गुफ़्तगू से नहीं पेट भरा करते।
दौलत यहाँ कमाना बेहद है अब जरूरी।।

तन्हाई मेरे दिल की अब इतनी बढ़ गई है।
मयखाने आना जाना बेहद है अब जरूरी।।

चाहत की आग दिल में बढ़ती ही जा रही है।
इस आग को बुझाना बेहद है अब जरूरी।।

अफसुर्दगी जो दिल से चेहरे पे आ गई है।
हंस कर उसे छुपाना बेहद है अब जरूरी।।

सीने में एक गहरा दरिया है ज़ख्म का जो।
दिल में उसे दबाना बेहद है अब जरूरी।।

'रघुवंशी' छोड़ दुनिया कभी मौत से भी मिल लो।
रिश्ता नया बनाना बेहद है अब जरूरी।।

9. तड़प दिल में न हो तो लिखने में लाई नहीं जाती

तड़प दिल में न हो तो लिखने में लाई नहीं जाती।
ग़ज़ल को गुनगुनाते हैं ग़ज़ल गाई नहीं जाती।।

पुराने दौर के जुमले हैं जिनको ढूंढते हो तुम।
वफा-उल्फ़त सी कोई चीज अब पाई नहीं जाती।।

मुझे मालूम है तुमको यह आदत खानदानी है।
मगर हर बात पर झूठी कसम खाई नहीं जाती।।

जो बारिश हो रही हो प्रेम की सब भीग जाने दो।
कि इन मौकों पे बाम-ए-दिल कभी छाई नहीं जाती।।

भूल जाते हैं रख 'रघुवंशी' हम दिल की तिजोरी में।
किसी से गुफ्तगू उल्फत की बतलाई नहीं जाती।।

10. रोते-रोते मुझे हर शख्स विदाई देगा

रोते-रोते मुझे हर शख्स विदाई देगा।
दहर भी मेरी मुहब्बत की गवाही देगा।।

हर घड़ी जिसने रुलाया है मुझे अश्क़-ए-लहू।
वो भी एक दिन मेरी चाहत की दुहाई देगा ।।

शांत मन से वो जब एकांत में बैठेगा कभी।
मेरी ग़जलों का उसे शोर सुनाई देगा।।

दिल ही दिल इतनी मुहब्बत करेंगे हम उससे।
मेरा चेहरा उसे हर ओर दिखाई देगा।।

आज रघुवंशी है नफरत मिरे अपनों को मगर।
दुश्मन भी मुझे एक रोज बधाई देगा।।

11. चाहत में ज़र्रा-ज़र्रा कभी टूट कर तो देखो

चाहत में ज़र्रा-ज़र्रा कभी टूट कर तो देखो।
बढ़ते हुए दरिया में कभी कूद कर तो देखो।।

गम दूर खुशी की रुत आ जायेगी मिरे घर।
कभी दिल से हाल मेरा तुम पूछ कर तो देखो।।

शबनम जो समझते हो,आंसू हैं वो फ़िज़ा के।
कभी दर्द-ए-फ़िज़ा दिल से महसूस कर तो देखो।।

तुमको लगेगी नीरस सारी की सारी दुनिया।
बंधन से खुशी-गम के तुम छूट कर तो देखो।।

गैरों पर हंस रहे हो, अपनो को देख लेना।
रघुवंशी अहल-ए-दिल से कभी रूठ कर तो देखो।।

12. इसको न पीजिए तुम सस्ती शराब है ये

इसको न पीजिए तुम सस्ती शराब है ये।
मत इश्क़ कीजिए तुम आदत खराब है ये।।

बाहर से जो हंसता है अंदर से उसे देखो।
मुस्कान का चेहरे पर नकली नकाब है ये।।

पलटे हैं जिंदगी के ताउम्र मैंने पन्ने।
आती नहीं समझ में कैसी किताब है ये।।

इक ख्वाब को पाने को ये रोज मचलता है।
समझाओ मिरे दिल को कितना बेताब है ये।।

मिरा रब समझ न पाया अब तक मेरी इबादत।
आवाज नहीं होती दिल की नमाज़ है ये।।

करते हैं इश्क़ दो दिल गम एक को मिलता है।
मुझको समझ न आया कैसा हिसाब है ये।।

'रघुवंशी' है जहर वो कहते जिसे मुहब्बत।
जो पूछते हैं मुझसे मेरा जवाब है ये।।

13. दुनिया में मिरे चाहने वाले हजार हैं

दुनिया में मिरे चाहने वाले हजार हैं।
हर सू हसीन कलियों की महकी बहार हैं।।

कोइ कितना भी हसीन हो दिल को जचा नहीं।
मुद्दत से प्यार में किसी के हम बीमार हैं।।

जो कुछ मैं आज हूँ वो तुम्हारा है करिश्मा।
अब लड़कियां पाने को हमें बेकरार हैं।।

आदत है खान-ए-दिल में गम को रखने की हमें।
हम क्यूँ किसी से कह दें कि हम सोगवार हैं।।

गम सहते सहते दिल के हम हकीम बन गए।
मेरे शेर सैकड़ों दिलों के ग़मगुसार हैं।।

मिल जाए गर इंसानियत लेकर मैं बांट दूं।
पढ़ लिख के जो इंसानियत के बिन गंवार हैं।।

'रघुवंशी' पे चाहत के यूँ डोरे न डालिए ।
अपने ही सितमगर पे हम तो जानिसार हैं।।

14. दोगले लोग हैं इस जमाने में अब

दोगले लोग हैं इस जमाने में अब।
करते हैं सब यकीं दिल दुखाने में अब।।

होते हैं क्या लोग दिखते हैं क्या लोग।
शर्म आती है हमको बताने में अब।।

है बहुत ही कठिन हमनसी हो कोई।
सबको दिलचस्पी है घर जलाने में अब।।

ढोंग रचते हैं वो ढूंढने के यहां।
मिलते हैं मासूम कत्लखाने में अब।।

न रही वो मुहब्बत न आशिक रहे।
सावधानी रखो दिल लगाने में अब।।

बेवजह इश्क में उनके बेजार हो।
है भलाई उन्हें भूल जाने में अब।।

15. दर्द की शम्मा जला कर

दर्द की शम्मा जला कर चला गया कोई।
आग मिरे दिल में लगा कर चला गया कोई।।

जन्मों जन्मों का हमसफ़र बना वो पहले फिर।
राह से हाथ छुड़ा कर चला गया कोई।।

अपनी कीमत में इज़ाफ़ा समझ रहा था मैं।
मुझको भंगार बना कर चला गया कोई।।

प्यार - वादे - वफ़ा हसीन एक धोखा है।
मुझको ये बात बता कर चला गया कोई।।

कब एक सीधा साधा लड़का बन गया शायर।
गम-ए-दिल लिखना सिखाकर चला गया कोई।।

दुनियादारी में उलझकर तमाम उम्र गई।
आईना सच का दिखा कर चला गया कोई।।

इश्क में जानिसार होना सिखाया पहले।
फिर मुझे आंख दिखा कर चला गया कोई।।

मैंने मुद्दत से रखा दिल के शिवालय में जिसे।
उस चाहत को विदा कर चला गया कोई।।

सियासी दौर में हमने मुहब्बत कर ली दुनिया में।
हमारे जीते जी मर जाने का तन्हा सबब है ये।।

— राघवेंद्र सिंह 'रघुवंशी'

16. दर्द से भर गया वो मुझसे लिपट कर रोया

दर्द से भर गया वो मुझसे लिपट कर रोया।
भूल वो शर्म-ओ-हया आज फफककर रोया।।

इतना लाचार न पहले कभी उसको देखा।
गम छुपाने में था नाकाम वो हँसकर रोया।।

कैसे अल्फ़ाज़ में बयाँ करूँ हालत उसकी।
दर्द से भर के गले तक वो तड़पकर रोया।।

जिसको पत्थर बता रहा है सरेआम जहां।
दिल ही दिल मोम का वो मर्द पिघलकर रोया।।

घर में सबकी नजर से बचके अपने कमरे में।
दर-दरीचों को बंद कर वो सिसककर रोया।।

इश्क़ में खुद को हार ज़िंदगी से उकताकर।
माँ के आँचल से सूरमा वो दुबककर रोया।।

जिसने मुद्दत से मुहब्बत लिखी है 'रघुवंशी'।
प्यार के नाम से घण्टों वो सिहर कर रोया।।

17. जिंदगी ऐसा जहर है जो पिया जा न सके

जिंदगी ऐसा जहर है जो पिया जा न सके।
ऐसा लम्हा है हर इक जोकि जिया जा न सके।।

मर गया मुझमें जो एक शख़्स है अफसोस मगर।
ऐसे हालात हैं मातम भी किया जा न सके।।

रूह का ज़िस्म फट गया मेरे खुदा ऐसे।
करूं हजार जतन पर ये सिंया जा न सके।।

मौत भी बेवफ़ा हयात की तरह निकली।
मौत भी यूँ हुई कि गम भी किया जा न सके।।

दुनिया का सारा दर्द-ओ-गम समेट कर मौला।
दे मुझे फिर से दूसरों को दिया जा न सके।।

गम-ए-हयात का सबब है मिरे 'रघुवंशी'।
इतनी खुशियां हैं ज़ार ज़ार हंसा जा न सके।।

18. इस प्यार की बहार में तू भी जला मैं भी जला

इस प्यार की बहार में तू भी जला मैं भी जला।
रंजिश की तपती रेत में तू भी चला मैं भी चला।।

जब से मिले हो तुम मुझे कोई अपना फिर लगा नहीं।
किसी के इंतजार में तू भी रहा मैं भी रहा।।

लालच में बंसी के सुकूँ के चारे को निगल गए।
इस जिंदगी के जाल में तू भी फंसा मैं भी फंसा।।

हमको तमाम उम्र खुद से जाने क्यूँ गिला रहा।
अपने ही हर सवाल से तू भी ख़फ़ा मैं भी ख़फ़ा।।

जीवन का सार पानी का एक बुलबुला बता गया।
'रघुवंशी' अपने हाल पे तू भी हंसा मैं भी हंसा।।

19. इस प्यार के फ़रेब से न तू बचा न मैं बचा

इस प्यार के फ़रेब से न तू बचा न मैं बचा।
वफ़ा जफ़ा के खेल से न तू छका न मैं छका।।

हर हाल में चलने का नाम ज़िन्दगी है दोस्तों।
गर्दिश की सुबह-ओ-शाम में न तू रुका न मैं रुका।।

है प्यार जहां रँज़िशें हैं लाजमी वहां सुनो।
इस गम की धूप-छांव से न तू जुदा न मैं जुदा।।

गैरों से नहीं खुद से मार खा रहा है आदमी।
ख्वाहिश के इस गुलेल से न तू बचा न मैं बचा।।

कितनी दफा कुचला गया इन हौसलों की उड़ान को।
बाधाओं के अंबार से न तू झुका न मैं झुका।।

'रघुवंशी' भटके उम्रभर हम जुस्तजू में मकाम के।
मालूम है मंजिल है भ्रम न तू थका न मैं थका।।

20. दर्द भी ज़ार ज़ार दर्द में रोया मेरे

दर्द भी ज़ार ज़ार दर्द में रोया मेरे।
दर्द बन गमगुसार दर्द में रोया मेरे।।

जिसको होती है तसल्ली उदास देख मुझे।
दर्द दे कर वो यार दर्द में रोया मेरे।।

जिसने तकलीफ़ों का मुझे थमा दिया दामन।
हो के वो बेकरार दर्द में रोया मेरे।।

उसकी मासूमियत को क्या बताऊँ मैं तुमसे।
दर्द दे बेशुमार दर्द में रोया मेरे।।

गम है 'रघुवंशी' उसे गम है मिरे ख़ातिर जो।
करके मुझसे वो प्यार दर्द में रोया मेरे।।

21. दर्द-ओ-गम छोड़कर और क्या मैं लिखूं

दर्द-ओ-गम छोड़कर और क्या मैं लिखूं।
दर्द को अपने कितनी दफा मैं लिखूं।।

दिल तो रोता रहा अश्क बह ना सके।
अपनी ही आँख को बेवफ़ा मैं लिखूं।।

कुछ नहीं मायने जिंदगी के मेरे।
खुद को दुनिया में इक हादसा मैं लिखूं।।

इक दफा जो भी डूबा वो उबरा नहीं।
प्यार को मौत का कहकशां मैं लिखूं।।

जिंदगी लाइलाअज हुई यूँ मेरी।
अपनी ही मौत का फैसला मैं लिखूं।।

है बहुत ही बुरी शायरी की ये लत।
सबसे घातक इसे इक नशा मैं लिखूं।।

छोड़ 'रघुवंशी' मुझको मैं नादान हूं।
इश्क़ का फलसफा तू बता मैं लिखूं।।

22. हर घड़ी है जो मेरे साथ जिंदगी की तरह

हर घड़ी है जो मेरे साथ जिंदगी की तरह।
मुझसे करता है वही बात अजनबी की तरह।।

है बड़ी दुविधा उसे दोस्त या दुश्मन लिक्खूं।
वो करे प्यार का इज़हार दुश्मनी की तरह।।

ये लगा दिल को वो समझेगा मिरा दर्द मगर।
वह भी करता है सवालात जिंदगी की तरह।।

दिल है लाचार भुलाने में उसे जाने क्यूँ।
आ रहा है मुझे वह याद तिश्नगी की तरह।।

दिल को मिरे जख्मों का सागर बना दिया जिसने।
दिल में रहता है वो आबाद बंदगी की तरह।।

याद कर कर जिसे अरसे से भुलाता हूँ मैं।
ख्वाब में फिर वो मिला आज इक खुशी की तरह।।

23. सहरा की रेत सा मैं तो बिखर गया यारों

सहरा की रेत सा मैं तो बिखर गया यारों।
अपने ही साये से मैं तो बिछड़ गया यारों।।

बेवजह मुझसे उम्मीदें लगा के बैठे हो।
ज़िस्म ज़िंदा है मैं तो कब का मर गया यारों।।

ऐसा कुछ संग मिरे सुलूक ज़िंदगी ने किया।
महज मैं नाम-ए-ज़िंदगी से डर गया यारों।।

जिया भी जाता नहीं मौत भी आती है नहीं।
न जाने कैसी मैं उलझन में पड़ गया यारों।।

बहुत कठिन है ज़िंदगी के संग बसर करना।
इसलिए ज़िंदगी से मैं झगड़ गया यारों।।

24. बुरी है इश्क़ की ये आग खुदा खैर करे

बुरी है इश्क़ की ये आग खुदा खैर करे।
ये मुहब्बत में लगे आग खुदा खैर करे।।

आज महफ़िल में यूँ जो सज संवर के आए हो।
किस पे बिजली गिरेगी आज खुदा खैर करे।।

ज़रा सी बात को भी शायरी में लिख देना।
मेरी आदत है ये खराब खुदा खैर करे।।

छोड़ो इंसान खुदा को भी कशिश हो जाए।
है उनका हुस्न लाजवाब खुदा खैर करे।।

याद का फिर से एक चिराग जल गया दिल में।
ग़ज़लों का पिघलेगा मेहताब खुदा खैर करे।।

मौत आए तो बिठाना हमें खबर करना।
हमें करना है उससे बात खुदा खैर करे।।

जिसे 'रघुवंशी' समझने लगे हो जान-ओ-दिल।
तुम्हें कर देगा वो बर्बाद खुदा खैर करे।।

25. दर्द-ओ-गम सहता है एक गरीब आदमी

दर्द-ओ-गम सहता है एक गरीब आदमी।
सहमा सा रहता है एक गरीब आदमी।।

आपने परिवार की एक ख़ुशी के लिए।
मौत से लड़ता है एक गरीब आदमी।।

रख लबों पे हँसी दर्द दिल में दबा।
हर घड़ी मरता है एक गरीब आदमी।।

सिर्फ दो जून की रोटियों के लिए।
क्या नहीं करता है एक गरीब आदमी।।

शान-ओ-शौक़त है क्या जानता वो नहीं।
हर जगह डरता है एक गरीब आदमी।।

करते हैं ज़ुर्म जो , वो तो आज़ाद हैं।
जेल में सड़ता है एक गरीब आदमी।।

खुशियों का दीप हर घर में जलता रहे।
ये दुआ करता है एक गरीब आदमी।।

26. मुझसे देखा नहीं जाता उदास इक चेहरा

मुझसे देखा नहीं जाता उदास इक चेहरा।
इसलिए मैंने गम का बांध लिया है सेहरा।।

हर घड़ी गीत ग़ज़ल बन के छलक जाता है।
एक दरिया है मेरे दिल में जख़्म का गहरा।।

फिर से मिरे ख्वाब में आए कोई भला कैसे।
किसी के प्यार ने दिल में लगा दिया पहरा।।

दिल-ओ-दिमाग में आता नहीं मेरे कुछ अब।
जबसे इक अजनबी है ख्वाब में आकर ठहरा।।

बेवकूफ़ी की मेरी हद भी देखिए तो सही।
मैं बुझाने को प्यास छानता रहा सहरा।।

जिसकी हर बात सुनके भी नजरअंदाज किया।
शख़्स वो आज भी समझता है मुझे बहरा।।

27. बुरा हूं दिल का मैं चेहरे की बात ना कीजै

बुरा हूं दिल का मैं चेहरे की बात ना कीजै।
कफ़न नापो मिरा सेहरे की बात ना कीजै।।

वफ़ा - ईमान सरेहाट बिक रहे हैं अब।
है नया दौर ये पहले की बात ना कीजै।।

क्या हूं मैं आपको हर शेर बता देगा मिरा।
मत्ला ही समझ लो मक्ते की बात ना कीजै।।

हजारों दिल में हुकूमत है कलम की मेरी।
चार पैसे दिखा रुतबे की बात ना कीजै।।

इस तरह दिल में उतर जाऊं खबर तक न लगे।
मुझसे 'रघुवंशी' तुम पहरे की बात ना कीजै।।

28. मुझको मेरा पता दीजिए

मुझको मेरा पता दीजिए।
मुझे मुझसे मिला दीजिए।।

कर रही है मेरा पीछा क्यूँ।
जिंदगी ये बता दीजिए।।

आके फिर एक दफा दिल में तुम।
ज़ख्म-ए-दिल ही दुखा दीजिए।।

एक मुद्दत रोया नहीं।
कोई मुझको रुला दीजिए।।

मैंने जुर्म-ए-मुहब्बत किया।
मौत की अब सजा दीजिए।।

मैंने तुमसे ज़ाफए करी।
तुम भी मुझको जफ़ा दीजिए।।

है मेरी सबसे ये इल्तजा।
न किसी को वफ़ा दीजिए।।

हर घड़ी मैं सुलगता हूँ अब।
आग दिल की बुझा दीजिए।।

गलत रस्तों पे चलकर मंजिलें हासिल नहीं होतीं।
यकीं ना हो तो मुझको देख लो मैं और क्या बोलूं।।

– राघवेंद्र सिंह 'रघुवंशी'

29. भले ही टूट के फलक पे मैं बिखर जाऊं

भले ही टूट के फलक पे मैं बिखर जाऊं।
नहीं मुमकिन है सफर से मैं लौट कर जाऊं।।

मेरे अल्फ़ाज़ को पत्थर की लिखावट समझो।
कलम कर देना मेरा सर जो मैं मुकर जाऊं।।

बेजान हैं ग़ज़ल खुशी का है कोई कतरा।
यू सताओ मुझे कि दर्द से मैं भर जाऊं।।

जिसको कहते हो मौत वो तो जिंदगी है मेरी।
मैं भला अपनी जिंदगी से कैसे डर जाऊं।।

हर घड़ी दर्द से 'रघुवंशी' तड़पता हूं मैं।
यारों मेरे हक में करो ये दुआ मैं मर जाऊं।।

30. सबब खुद की परेशानी का हूं मैं

सबब खुद की परेशानी का हूं मैं।
दुनिया में पुतला नादानी का हूं मैं।।

आज तो हूँ नहीं पता कल का।
महज़ एक बुलबुला पानी का हूं मैं।।

लोग अक्सर सहेजते हैं जिसे।
आखरी तोहफा निशानी का हूं मैं।।

बद्दुआ तोहमतें मिलती हैं जिसे।
बुरा किरदार कहानी का हूं मैं।।

जिसे पलभर का प्यार मिलता है।
फूल 'रघुवंशी' पेशानी का हूं मैं।।

31. मेरे ही प्यार में शायद कोई कमी होगी

मेरे ही प्यार में शायद कोई कमी होगी।
तभी ये नब्ज-ए-मुहब्बत मेरी थमी होगी।।

नहीं बदलता कोई यूँ ही आशियां अपना।
किसी अमीर की दौलत की सरजमीं होगी।।

कलम से जिसकी निकलती हैं गमों की नदियां।
जरूर उसने जिल्लतें बहुत सही होंगी।।

जिसका हर शेर जिंदगी को जहर कहता है।
बहुत ही सोच के उसने ग़ज़ल लिखी होंगी।।

मैं तो बिल्कुल था गलत ये कुबूल करता हूँ।
मेरे दिल को है भरोसा कि वो सही होगी।।

तमाम उम्र जिसे बद्दुआ सी लगती है।
उसके संग जिंदगी ने ज्यादती करी होगी।।

जहां पे हैं गमों के अब दरख्त 'रघुवंशी'।
बर्षों तक अश्कों की गंगा वहां बहीं होगी।।

32. मुझे वापस मेरी खुशी दे दे

मुझे वापस मेरी खुशी दे दे।
दिल को उल्फत की तिश्नगी दे दे।।

बना मुझको तू मौत का दूल्हा।
या मुकम्मल तू जिंदगी दे दे।।

हमें भी आरजू हो जीने की।
ऐसी चाहत की चाशनी दे दे।।

छोड़ गम कुछ नहीं मुझे दिखता।
मेरी नजरों को रोशनी दे दे।।

जो सिसकते हैं मुद्दतों से रब।
उन लबों को भी अब हँसी दे दे।।

मैं तेरे दर का हूँ फकीर महज।
मुझको 'रघुवंशी' सर जमीं दे दे।।

33. हयात से गमों का वस्ल किस तरह से हुआ

हयात से गमों का वस्ल किस तरह से हुआ।
क्या बताऊं कि मेरा कत्ल किस तरह से हुआ।।

मैं थ पत्थर न थे एहसास ना थी जाँ मुझमें।
सोचता हूं कि मुझे इश्क़ किस तरह से हुआ।।

जिसकी हर याद भुलाई है याद कर कर के।
मेरी ग़ज़लों में उसका जिक्र किस तरह से हुआ।।

तुमसे मिलने के पहले बू थी मुझमें नफरत की।
मैं खुशबूदार-ए-प्यार इत्र किस तरह से हुआ।।

लगाई जिसने आग शहर-ए-दिल में 'रघुवंशी'।
वो मेरे जान-ओ-दिल का मित्र किस तरह से हुआ।।

34. कोई तो जिंदगी में रात आखिरी होगी

कोई तो जिंदगी में रात आखिरी होगी।
जिगर से निकली हुई बात आखरी होगी।।

थक गया हूं मैं रोज रोज याद करके तुम्हें।
कब मेरे दिल में तेरी याद आखिरी होगी।।

मेरे हो जाओगे इक रोज भरोसा है मुझे।
मुझपे तब गम की ये बरसात आखिरी होगी।।

कि जिस भी रोज मौत बन गई मेरी दुल्हन।
जिंदगी से मेरी मुलाकात आखिरी होगी।।

जिस दिन मेरी कलम तुमसे ऊब जाएगी।
मेरी लिखी हुई किताब आखिरी होगी।।

तुम्हें भुलाके ये दिल तोहफा तो देदे मुझको।
पर 'रघुवंशी' वो सौगात आखिरी होगी।।

35. गम की दौलत दिला गया कोई

गम की दौलत दिला गया कोई।
मुझे मुझसे मिला गया कोई।।

एक भरोसे के नाम पर यारों।
जिंदगी भर छला गया कोई।।

कैसे फिर से हमें मोहब्बत हो।
दिल हमारा जला गया कोई।।

जुस्तजू में नजर भटकती है।
छोड़ मुझको चला गया कोई।।

नशे में चूर थे हम उल्फत के।
जहर मुझको पिला गया कोई।।

रूह मिरी मर गई थी 'रघुवंशी'।
उसे फिर से जिला गया कोई।।

36. हर मिसरे में कलेजा निकाल के रखना

हर मिसरे में कलेजा निकाल के रखना।
दर्द कागज पे है पेशा उतार के रखना।।

हर घड़ी मैंने जिगर के लहू से सींचा है।
मेरी ग़ज़लों को दोस्तों दुलार के रखना।।

खुशी में हैं हजार दोस्त गम में कोई नहीं।
सीने में दर्द का शैलाब पाल के रखना।।

जान पाए न ये ज़ालिम जहां है क्या दिल में।
अपनी हर आरजू को मन में मार के रखना।।

कभी किसी से न उम्मीद-ए-रोशनी करना।
चराग हौसलो का मन में बाल के रखना।।

इतनी सी करना मेहरबानी मुझपे 'रघुवंशी'।
उसकी हर याद ग़ज़ल में सम्हाल के रखना।

37. प्यार में अक्सर

प्यार में अक्सर हर आशिक का हाल यही हो जाता है।
लब बाहर हंसते हैं भीतर दर्द में दिल चिल्लाता है।।

मुझे सताता है अब कितना क्या बतलाऊँ यार मेरा।
हरपल अपनी याद में मुझको खून के अश्क़ रुलाता है।।

सबसे गहरा घाव जिगर में अपनों की चोटों का है।
जिसे भी दिल से चाहो सबसे ज्यादा वो तड़पाता है।।

फूल खिले मुस्कान के बाहर भीतर बियाबान है सब।
किसे बताएं दिल का टूटा अंदर से मर जाता है।।

प्यार-ओ-मुहब्बत इश्क़-ओ-उल्फ़त इनसे बड़ा फ़रेब नहीं।
खेल के बाजीगर भी प्यार की बाजी को पछताता है।।

तुमसे प्यार नहीं करता मैं लिखना है आसान मगर।
मिरी ग़ज़ल का ही मिरा चेहरा साथ नहीं दे पाता है।।

ना तुमने दिल में झांका ना तुमको हम बतला पाए।
मिरी ग़ज़ल का हर इक मिसरा तुमको ही तो गाता है।।

कभी-कभी दिल पागल हो जाता है यादों से घिर के।
तब खुद से उकता के 'रघुवंशी' खुद से झल्लाता है।।

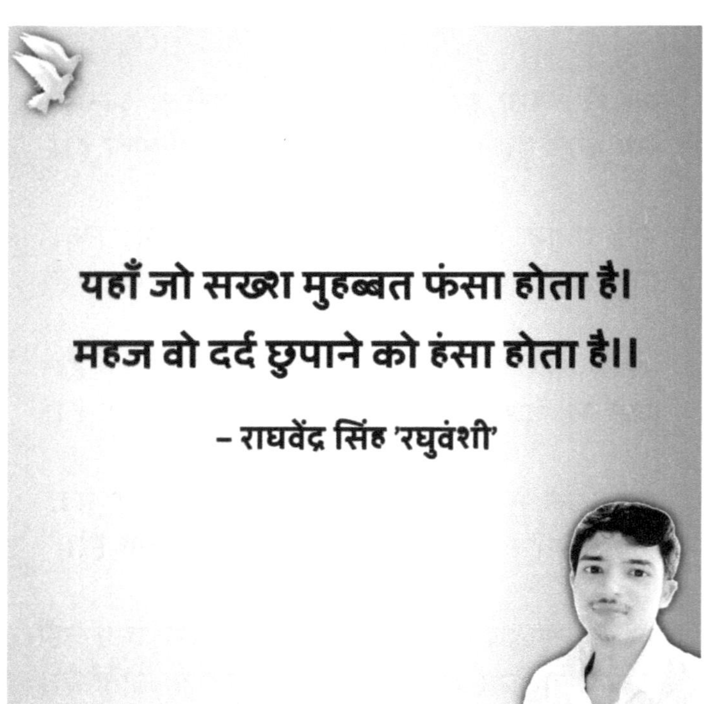

38. मेरी भी बेकसी को काश समझ पाए कोई

मेरी भी बेकसी को काश समझ पाए कोई।
मेरी भी बेबसी पे काश तरस खाए कोई।।

मुझे भी सूरत-ए-वफ़ा ये दिखाए कोई।
न मिले तो किराए पर ही ले आए कोई।।

किसी को दुश्मनी किसी को प्यार ने मारा।
किसे कातिल किसे खुदा कहें बताए कोई।।

है लाइलाज इस कदर ये जिंदगी मेरी।
जहर हो जिंदगी तो फिर क्या दवा खाए कोई।।

उदास चेहरा हो तो है इलाज मुमकिन पर।
हो जिसको दिल का मर्ज क्या उसे हंसाए कोई।।

फ़िजा ही कत्ल करने पे अगर आमादा हो।
कहां फिर आब-ओ-हवा से यूँ बचके जाए कोई।।

नीम - हकीम काम आएं अगर सांस चलें।
मरे हुए में फिर से जान कैसे लाए कोई।।

39. सजा-ए-मौत जिंदगी हो तो दवा क्या है

सजा-ए-मौत जिंदगी हो तो दवा क्या है।
मैं मर रहा हूं जो पल पल मेरी खता क्या है।।

जहर हैं सांसे और दर्द है हर इक लम्हा।
यही है जिंदगी अगर तो बद्दुआ क्या है।।

क्यूँ न मैं खुद के लिए मौत की दुआ मांगू।
मुझे गम के सिवा जहान में मिला क्या है।।

मैं पागलों सा ढूंढ़ता हूँ हर जगह किसको।
मुझे नहीं है याद हादसा हुआ क्या है।।

वो तो होते नहीं मायूस कभी करके जफ़ा।
मरे जो सोच में कोइ उनकी तो खता क्या है।।

सजा-ए-मौत भी कम है मेरे किये के लिए।
मेरे मालिक मुझे बता मेरी सजा क्या है।।

न तो जीता हूँ न मरता हूँ अब मैं 'रघुवंशी'।
मेरे खुदा मुझे बता तेरी रजा क्यां है।।

40. दर्द का तीर दिल से निकलता नहीं

दर्द का तीर दिल से निकलता नहीं।
मेरे गम का सबब क्या है मिलता नहीं।।

हम नाउम्मीदी के तम से ऐसे घिरे।
आस का अब दिया भी तो जलता नहीं।।

होके तुमसे जुदा खुश हूं अब कितना मैं।
दिल में सैलाब गम का उमड़ता नहीं।।

बेवफाई की हद से गुजर मैं गया।
क्यूँ जुदा हो के भी दम निकलता नहीं।।

गुल मुहब्बत का दिल में जो मुरझा गया।
लाख कोशिश करूँ पर ये खिलता नहीं।।

गम जो 'रघुवंशी' दे उसको दिल में रखो।
अपने देते हैं गैरों से मिलता नहीं।।

41. याद में उम्र तन्हा गुजर जाएगी

याद में उम्र तन्हा गुजर जाएगी।
दिल में सूरत कोई जब उतर जाएगी।।

मशवरा है न दिल से मुहब्बत करो।
दर्द से जिंदगी सारी भर जाएगी।।

मुझसे मिलने की जिद तुम किया मत करो।
देख कर हाल मेरा तू डर जाएगी।।

सांस चलने तलक आरजू है तेरी।
ये तमन्ना भी इक रोज मर जाएगी।।

आप गर प्यार से इक नजर देख लो।
ये मेरी जिंदगी भी संवर जाएगी।।

जिससे 'रघुवंशी' घुल मिल रहे हो बहुत।
कत्ल तेरा मुहब्बत ये कर जाएगी।।

42. याद में मेरी पलकें भिगोएगा तू

याद में मेरी पलकें भिगोएगा तू।
दर्द में एक दिन मेरे रोएगा तू।।

रब से मांगोगे पर मैं न मिल पाऊंगा।
चाह कर भी महीनों न सोएगा तू।।

आज तुमको नहीं है हमारी कदर।
इक रोज याद में चैन खोएगा तू।।

एक दिन मेरी उल्फत भी रंग लाएगी।
चोखा होगा ये रंग जितना धोएगा तू।।

जब बियाबान दिल मेरा हो जाएगा।
उस रोज प्यार का बीज बोएगा तू।।

43. हर शख्स की यही कहानी है

गौर से देखा जाए तो हर शख्स की यही कहानी है।
अपने दर्द में रोने में भी अपनी ही बदनामी है।।

रोटी कपड़ा के पीछे इक तबका जीना भूल गया।
दौलतमंद इन्हें कलपुर्जे समझें क्या मनमानी है।।

कैसा मुझे बनाया तूने किस दुनिया में भेज दिया।
मेरे मालिक यहां तो बेमतलब मेरी जिंदगानी है।।

अपने मद में चूर आदमी पतन के पथ पर तत्पर है।
जिसे तरक्की कहता सबसे बड़ी वही नादानी है।।

सबके सपने रहे अधूरे मुझसे थी उम्मीद जिन्हें।
ख़ल्क़ में 'रघुवंशी' मिरा जीवन इक मिसाल-ए-नाकामी है।।

44. भावनाओं के आवेग में बह गई

भावनाओं के आवेग में बह गई।
बिन कहे सिसकियों में वो सब कह गई।।

उसपे जुल्म-ओ-सितम की हुई इंतहा।
वो थी लड़की तो चुपचाप सब सह गई।।

अपनी ही कोख से जिसने दुनिया रची।
वो बेचारी अकेली यहां रह गई।।

क्या लिखूं ज्यादती उसपे कितनी हुई।
अपने कदमों की आहट से जो डर गई।।

हैवाअन हर जगह बैठे हैं घात में।
लगता है जैसे इंसानियत मर गई।।

पाल के दिल में सींचा जिन्हें खूं से वो।
ख्वाहिशें जिंदगी में जहर भर गई।।

45. बेदिली का तमाशा बहुत हो गया

बेदिली का तमाशा बहुत हो गया।
दिल्लगी का तमाशा बहुत हो गया।।

गम की ये सल्तनत नाम कर दो मेरे।
ये खुशी का तमाशा बहुत हो गया।।

इक दफा देखकर मुझको हंस दीजिए।
बेरुखी का तमाशा बहुत हो गया।।

मेरे दामन को नफरत से भर दीजिए।
आशिकी का तमाशा बहुत हो गया।।

मुझको बदनाम दुनिया में कर दीजिए।
सादगी का तमाशा बहुत हो गया।।

अब जहर से मेरा जाम भर दीजिए।
मयकशी का तमाशा बहुत हो गया।।

कत्ल 'रघुवंशी' अब मेरा कर दीजिए।
जिंदगी का तमाशा बहुत हो गया।।

46. दुनिया में गम बहुत हैं खुशी ढूंढिए

दुनिया में गम बहुत हैं खुशी ढूंढिए।
मौत में भी नई जिंदगी ढूंढिए।।

है जमाना ये सारा दिखावा महज।
इस दिखावे में भी सादगी ढूंढिए।।

मैं हूँ शायर तुम्हारा पुराना बहुत।
शायरी में मेरी ताजगी ढूंढिए।।

नाज तेरे उठाने को बैठे हैं हम।
तुम मनाने को नाराजगी ढूंढिए।।

पिंजड़े में जिंदगी लाख हो कैद पर।
कम से कम दिल में आवारगी ढूंढिए।।

मानता हूँ कि मैं खो गया तुम मुझे।
दिल में 'रघुवंशी' एक बारगी ढूंढिए।।

47. तू मुझे दर्द जिगर दे करूंगा प्यार तुझे

तू मुझे दर्द जिगर दे करूंगा प्यार तुझे।
तू मुझे मौत भी गर दे करूंगा प्यार तुझे।।

है तुझे हक तू मुझपे जुल्म ओ सितम लाख करे।
तू मुझे जख्म से भर दे करूंगा प्यार तुझे।।

मैं कभी तुमसे ना रूठूँ मेरी तमन्ना है।
तू मुझे गम की सहर दे करूंगा प्यार तुझे।।

बयां कैसे मैं करूँ अपनी मुहब्बत तुमसे।
गर मुझे तू जहर भी दे करूंगा प्यार तुझे।।

जहां न कोई हो मैं दर्द में तनहा चीखूं।
तू मुझे ऐसा शहर दे करूंगा प्यार तुझे।।

48. मेरे गम हमनसी तुझ सा कोई नहीं

मेरे गम हमनसी तुझ सा कोई नहीं।
दुनिया में अब हसीं तुझ सा कोई नहीं।।

मरने के बाद भी हम रिहा न हुए।
बेरहम जिंदगी तुझ सा कोई नहीं।।

रोने की रुत में भी मुस्कुराते हो तुम।
मेरे लब की हँसी तुझ सा कोई नहीं।।

क्या बताऊं मुकद्दर है कैसा तेरा।
ऐ मेरी बेबसी तुझ सा कोई नहीं।।

सच मैं 'रघुवंशी' गर तुमसे खुल के कहूँ।
दुनिया में बदनसी तुझ सा कोई नहीं।।

49. तन्हा तू मुझे अब रहने दे

तन्हा तू मुझे अब रहने दे।
मेरा दर्द मुझे तू सहने दे।।

मरहम न लगा जख्म-ए-दिल पर।
मेरे दिल से लहू तू बहने दे।।

मिरे दिल में है क्या क्या तुम्हें पता।
अब छोड़ मुझे तू रहने दे।।

मत हुक्म दे अब खामोशी का।
मुझे बात तो अपनी कहने दे।।

मत रोक मुझे अब लिखने से।
मेरी कलम से दर्द तू बहने दे।।

50. यूँ न उंगली पे जुल्फें लपेटा करो

यूँ न उंगली पे जुल्फें लपेटा करो।
हमको तिरछी नजर से न देखा करो।।

तुमको मालूम है हाल दिल का मिरे।
दिल के जख्मों को यूँ न कुरेदा करो।।

इक शिकारी के हाथों में दिल है मिरा।
जाल हमपे न चाहत के फेंका करो।।

जाएगा उठ यकीं प्यार से लोगों का।
प्यार में संग किसी के न धोखा करो।।

वो दुल्हन बनके 'रघुवंशी' घर आएगी।
तुम मुहब्बत पे अपनी भरोसा करो।।

51. तीर नजरों से यूँ न चलाया करो

तीर नजरों से यूँ न चलाया करो।
दांतों में उंगलियां ना दबाया करो।।

चाहने वाले हैं हम तुम्हारे सुनो।
हमसे ऐसे न नजरे चुराया करो।।

ढल गया मैं किताबों में लिख लिख तुम्हें।
खुल के अब तुम मुझे गुनगुनाया करो।।

प्यार किस्मत में होगा तो मिल जाएगा।
यूँ किसी से न तुम गिड़गिड़ाया करो।।

आना जाना तुम्हारा शहर भर में है।
मेरे घर भी कभी आया जाया करो।।

तू मिरा हिस्सा है मैं हूं हिस्सा तिरा।
दर्द-ए-दिल हमसे अब ना छिपाया करो।।

52. कितना है दर्द-ए-दिल क्या बताएं तुम्हें

कितना है दर्द-ए-दिल क्या बताएं तुम्हें।
ज़ख्म अंदर के कैसे दिखाएं तुम्हें।।

प्यार में हम कहाँ से कहाँ आ गए।
अब भला छोड़कर कैसे जाएं तुम्हें।।

ख्वाहिशें छोड़ दी हमने दुनिया की सब।
है तमन्ना कि दुलहन बनाएं तुम्हें।।

खून में सांसों में दिल की धड़कन में तुम।
तुम ही बतलाओ कैसे भुलाएं तुम्हें।।

हर घड़ी मेरे दिल ने पुकारा तुम्हें।
तुम कहो और कैसे बुलाए तुम्हें।।

मौत से ज्यादा अब हमको तकलीफ है।
'रघुवंशी' है दुआ भूल जाएं तुम्हें।।

53. किया था मैंने जिसे प्यार बेवफा है वो

किया था मैंने जिसे प्यार बेवफा है वो।
मुझे है जिसका इंतजार बेवफा है वो।।

बड़ा शातिर वो खिलाड़ी है रंग बदलने में।
है जिसपे दिल ये जानिसार बेवफा है वो।।

दिवाना मुझको बना कर तड़पता छोड़ गया।
जो मेरा ले गया करार बेवफा है वो।।

जिसने मेरे जिस्म-ओ-रूह को किया गुलाम अपना।
है जिसका मुझ पे इख्तियार बेवफा है वो।।

उसके मासूम से चेहरे से खा गया धोखा।
मैं गया जिससे खुद को हार बेवफा है वो।।

जिससे 'रघुवंशी' खुदा मान कर रखा दिल में।
है जिस पर अब भी ऐतबार बेवफा है वो।।

54. इक मिरे प्यार का किस्सा रख ले

इक मिरे प्यार का किस्सा रख ले।
दिल में जाँ मेरी आहिस्ता रख ले।।

काबिल-ए-दोस्ती नहीं हैं हम।
दुश्मनी का ही तू रिश्ता रख ले।।

मैं कभी तुमको खुशी दे न सका।
छोड़ मुझको तू फरिश्ता रख ले।।

हम तो उकता गए हैं जी जी के।
मेरी सांसों का तू हिस्सा रख ले।।

भूल मुझको बसा ले घर अपना।
मान मिरे प्यार का इत्ता रख ले।।

55. गया जो रूठ के मुझसे वो फिर वापस नहीं आया

गया जो रूठ के मुझसे वो फिर वापस नहीं आया।
जरा भी हाल पर मेरे तरस उसने नहीं खाया।।

कि इतनी कसमे वादे लोग कैसे भूल जाते हैं।
मैं सारी उम्र कोशिश कर महज तुम्हें भूल न पाया।।

जिसे हमने बनाया साहिब-ए-तख्त-ओ-ताज दिल का।
वही मिरी जिंदगी को है मुकाम-ए-मौत पर लाया।।

जमा पूंजी हो तुम मेरी हो मेहनत उम्र भर की तुम।
सिवा तुम्हें लिखने के हासिल मैं कुछ भी कर नहीं पाया।।

गवां दी उम्र पाने की जिसे मन्नत मांगने में।
उसे कभी ख्वाब में मेरा खयाल तक नहीं आया।।

कलेजा मुंह को आता है कि जब मैं सोचता हूँ ये।
मुहब्बत इस जनम 'रघुवंशी' मेरी हो गई जाया।।

56. दिए जो तूने मुझको दर्द

दिए जो तूने मुझको दर्द दिल क्यूँ भर नहीं जाता।
तड़पने से है अच्छा दिल मिरा क्यूँ मर नहीं जाता।।

तोड़ लो दुनिया से रिश्ता सुकूँ गर चाहते हो तुम।
कोई भी जिस्म के साथ खुदा के घर नहीं जाता।।

मैं लफ्जों में लिखूं कैसे था कितना जख्म-ए-दिल गहरा।
जखम तो भर गया दिल का मगर ये दर नहीं जाता।।

सूरमा भी धराशायी हुए तीर - ए - मुहब्बत से।
खुदा जंग-ए-मुहब्बत से जहां क्यूँ डर नहीं जाता।।

मुहब्बत ने तेरी छीना है इक परिवार का बेटा।
है जाता जिस्म 'रघुवंशी' मगर अब घर नहीं जाता।।

57. किसी को भी अब अपना

किसी को भी अब अपना हमसे बनाया नहीं जाता।
अब अपनी सांसों से भी रिश्ता निभाया नहीं जाता।।

रिहा कर दे मुझे इस जिस्म के पिंज़ड़े से ऐ मालिक।
जहां का दर्द लिख के मुझसे अब गाया नहीं जाता।।

मेरा हमदर्द है जो वो ही दिल का दर्द बन बैठा।
दें अपने जख्म तो मरहम भी लगाया नहीं जाता।।

ओढ़ा दो दर्द की चादर सुकूँ से मुझको सोने दो।
जो नींद-ए-मौत सोएं उनको जगाया नहीं जाता।।

न चादर मिल सके तो अपनी चुनरी डाल दो मुझपे।
कफन के बिन किसी मुर्दे को दफनाया नहीं जाता।।

बहुत जिद्दी है वो 'रघुवंशी' उसको कौन समझाए।
कि अपने चाहने वालों को तड़पाया नही जाता।।

58. तुम्हारे बिन महज एक पल

तुम्हारे बिन महज एक पल जिया भी तो नहीं जाता।
भरोसा फिर किसी पे अब किया भी तो नहीं जाता।।

मेरी ऐ जिंदगी कैसे गुजारा हो मिरा तुम संग।
है हर तिरा घूँट यूँ कड़वा पिया भी तो नहीं जाता।।

करें हम क्या बताओ इस लुटे नाकाम दिल का अब।
किसी को फिर से टूटा दिल दिया भी तो नहीं जाता।।

तू समझे हाल-ए-दिल मेरा कहूँ मैं किस तरह तुमसे।
न जी पायेंगे तुम बिन हम कहा भी तो नहीं जाता।।

सिवा लिखने के मेरे पास अब मरहम नहीं कोई।
है इतना दर्द अब ज्यादा सहा भी तो नहीं जाता।।

कहूँ किससे मैं अपनी जिंदगी का दर्द तुम बोलो।
दबा के दिल में अब एक पल रहा भी तो नहीं जाता।।

सबब मैं खुद हूँ अपनी जिंदगी में जंग लगने का।
किसी दूजी लहर के संग बहा भी तो नहीं जाता।।

भुला दूंगा मैं 'रघुवंशी' तेरी हर बात लिख लिख के।
छुपा के अब तुझे दिल में रखा भी तो नहीं जाता।।

जिंदगी जब तुझे करीब से देखा मैंने।
अकेली मौत ही हमदर्द सी लगी मुझको।।

– राघवेंद्र सिंह 'रघुवंशी'

59. फटा जो आत्मा का पट

फटा जो आत्मा का पट सिलेगा फिर न दुनिया में।
मुहब्बत का हमारी गुल खिलेगा फिर न दुनिया में।।

अगर मेरे हाल पे आए तरस तो खुद को समझाना।
तुम्हें यूँ चाहने वाला मिलेगा फिर न दुनिया में।।

भरोसा टूटने से लाख लोगों का बचा लो तुम।
वफ़ा-ए-इश्क यूँ कोई करेगा फिर न दुनिया में।।

न ठुकराओ महज तेरे लिए बागी हुआ था मैं।
मुहब्बत के लिए कोई लड़ेगा फिर न दुनिया में।।

मुजरिम-ए-इश्क होकर भी अगर बख्शा गया मुझको।
गुनाह-ए-इश्क से कोई डरेगा फिर न दुनिया में।।

60. याद आए न मुझे तू कोई दवा दे दे

याद आए न मुझे तू कोई दवा दे दे।
दम निकल जाए या फिर ऐसी बद्दुआ दे दे।।

खुद पे जुल्मों की शिकायत मैं कर सकूं तुमसे।
ऐ मसीहा मिरे मुझको भी वो जबाँ दे दे।।

गम के दरिया से मिरी प्यास नहीं बुझती है।
रब मिरे गम का मुझे एक कहकशा दे दे।।

कब से तुम कर रहे हो माफ खताएं मेरी।
जाँ मिरी मुझको मिरे जुर्मों की सजा दे दे।।

और हमसे ये जुदाई नहीं सही जाती।
खुद को मिरे नाम तू करने का फैसला दे दे।।

61. तू है दिल का सुकूँ तू है जान मिरी

तू है दिल का सुकूँ तू है जान मिरी,
तुम बिन दुनिया वीरानी है।
लगता है तू फिर याद आई है,
फिर आंख में मेरी पानी है।।

एहसास में तू अल्फाज में तू,
हर सांस में तू ही रहती है।
तू ही गीत गजल कविता मेरी,
तू ही प्यार की मेरी कहानी है।।

कोई ऐसा लफ्ज बताए मुझे,
लिख सकूं जो दिल में है मेरे।
तुम बिन एक पल भी लाख दफा,
मुझे मौत लगे जिंदगानी है।।

तेरे मेरे प्यार को दुनिया में,
लोगों की जबानें गायेंगी।
मेरी किताब के गीत ग़ज़ल,
चाहत की तिरी निशानी हैं।

62. दर्द ही मेरी मंजिल है

दर्द ही मेरी मंजिल है।
डूबना मेरा साहिल है।।

प्यार न करना तुम मुझसे।
पत्थर का मेरा दिल है।।

खुशियों से ताल्लुक नहीं।
गम ही मेरी महफिल है।।

दुश्मन मेरा गैर नहीं।
दिल ही मेरा कातिल है।।

मिरे लिखे हर मिसरे में।
दर्द तुम्हारा शामिल है।।

तेरी याद के लफ्जों से।
ग़ज़ल हमारी कामिल है।।

छोड़ हुनर तुम्हें लिखने का।
और न कुछ मुझे हासिल है।।
दिल से तुम्हें भुला पाना।
काम ये कितना मुश्किल है।।

63. मुझे भूलना ही होगा

मुझे भूलना ही होगा अब तुमको जान-ए-जाना।
मेरे दिल की है गुजारिश कभी याद फिर न आना।।

उक्ता गये हैं खुद से बड़ी दूर जा रहे हैं।
हमसे न रूठना तुम हमें अब नहीं मनाना।।

सदियों की नींद भरके पलकों में घूमते हैं।
सो जाएं हम अगर तो हमको न तुम जगाना।।

जीना नहीं है बस में हर पल जहर लगे है।
चलने से यूँ सांस का अच्छा है छूट जाना।।

मैं रूठता नहीं हूं दुनिया में किसी से पर।
है लगा बहुत बुरा बस तेरी नजरों से गिर जाना।।

'रघुवंशी' क्या बताएं आलम जिगर का अपने।
बड़ा नागवार गुजरा तिरे दिल से उतर जाना।।

64. अगर दिल में सराफत हो

अगर दिल में सराफत हो तो दिखलाई नहीं जाती।
यूँ हर इक बात पे झूठी कसम खाई नहीं जाती।।

भले ही लाख लोगों से मिरा मिलना मिलाना हो।
मगर तुम बिन मिरे दिल की ये तन्हाई नहीं जाती।।

रवैया आपका है आपकी इज्जत का पैमाना।
जमीन-ए-दिल जबरदस्ती में कब्जाई नहीं जाती।।

मुहब्बत के घने जंगल पनप जाते हैं सहरा में।
मुहब्बत खाद पानी देके उपजाई नहीं जाती।।

चुकानी पड़ती है कीमत है सौदागर जमाना अब।
मुफत में लाश भी कब्रों में दफनाई नही जाती।।

65. महज इक शख्स को दिल से भुलाना

महज इक शख्स को दिल से भुलाना कितना मुश्किल है।।
लुटे दिल के शहर को फिर बसाना कितना मुश्किल है।।

मुहब्बत करना दुनिया में बहुत आसान है लेकिन।
मुहब्बत में किये वादे निभाना कितना मुश्किल है।।

बहुत आसान है कहना मैं तुमसे प्यार करता हूँ।
जहां के सामने दुल्हन बनाना कितना मुश्किल है।।

जिसे करते हैं वादा हर खुशी देने का दुनिया की।
कि सूनी मांग को उसकी सजाना कितना मुश्किल है।।

भले ही लाख तहखाने हों दुनिया में मगर फिर भी।
खजाना दिल का लुटने से बचाना कितना मुश्किल है।।

66. इन तमाशों से तेरे हम हैरान हैं

इन तमाशों से तेरे हम हैरान हैं।
जिंदगी हम बहुत अब परेशान हैं।।

लग रहा था समझने लगे हम तुझे।
आज भी तेरी गुगली से अंजान हैं।।

हमने लिक्खे हजारों गजल गीत पर।
हाल-ए-दिल तुमसे कहने में नाकाम हैं।।

जो मिला वो समझता है पत्थर हमें।
किसको किसको कहें हम भी इंसान हैं।।

गम जो देता है वो पूछता है सबब।
क्या बताऊँ कि वो कितना नादान है।।

कुछ न अच्छा लगे एक तुम्हारे सिवा।
बिन तेरे जिंदगी ये बियाबान है।।

67. तुम्हारी याद की हमें आग में जलना होगा

तुम्हारी याद की हमें आग में जलना होगा।
हमें जलते हुए अंगारों पे चलना होगा।।

हमने खुद पैर पे मारी है कुल्हाड़ी अपने।
दर्द में अपने हमें खुद ही तड़पना होगा।।

भले ही दर्द से तड़प के जाँ निकल जाए।
छुपा के दर्द लबों से हमें हंसना होगा।।

किए हैं जिसने सितम सारी उम्र चुन चुन कर।
फिर भी अपना उसे हमदर्द ही लिखना होगा।।

तुम्हारा प्यार किसी और के लिए है अब।
हमें तेरी प्यार की दुनिया से निकलना होगा।।

68. तेरा चेहरा मेरी आंखों को

तेरा चेहरा मेरी आंखों को गर कुछ पल नजर आए।
मेरी बेरंग ग़ज़लों में भी होली का असर आए।।

बहुत बेताब होकर तुम मेरे दीदार के खातिर।
मेरे घर के लिए निकले हो मुझको ये खबर आए।।

मिली लाखों दिलों की मुझको हमदर्दी जमाने में।
मेरी इस बेबसी पर काश तुमको भी तरस आए।।

मैं बस तेरी हूँ तेरे लब जो बस एक बार ये कह दें।
मेरे बेसब्र अफसुरदा जिगर को भी सबर आए।।

हमें भी सदियों जीने की हो चाहत इस जमाने में।
अगर दुलहन के जोड़े में तू 'रघुवंशी' के घर आए।।

शायरी संग्रह

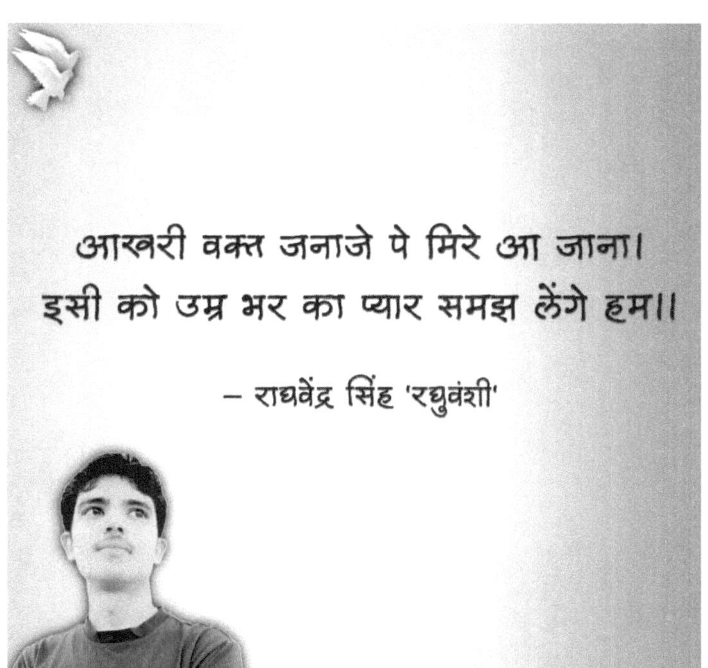

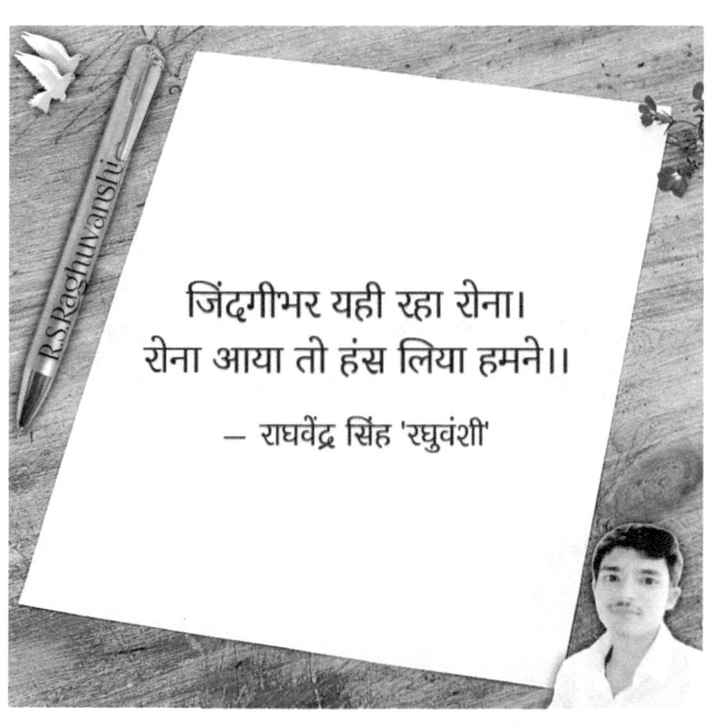
जिंदगीभर यही रहा रोना।
रोना आया तो हंस लिया हमने।।

— राघवेंद्र सिंह 'रघुवंशी'

69. शायरी

जबसे इक लड़की मेरा जिगर हो गई।
तबसे ये जिंदगी दर्द-ए-सर हो गई।।
खुद हुई पहले फिर मुझको पागल किया।
फिर वही मुझसे खुद बेखबर हो गई।।

*****

बड़े बेदर्द हो पत्थर हो तुम।
मिरे हर प्रश्न का उत्तर हो तुम।।
जो लिखे मैंने गीत ग़ज़लों में।
मिरे लफ्जों का हर अक्षर हो तुम।।

*****

उसकी चाहत यूँ मुझपे असर कर गई।
प्यार से वह मुझे तरबतर कर गई।।
है मुझे याद हर लफ़्ज़ उसका मुझे।
बात उसकी मेरे दिल में घर कर गई।।

*****

दर्द ही दर्द में मेरे रोता रहा।
आंसुओ से मिरे जुर्म धोता रहा।।
मैं न सुधरा था लाचार हर सांस में।
चाहने का तुम्हें जुर्म होता रहा।।

*****

मैं तेरे प्यार खातिर तरसता रहा।
इश्क़ मेरी कलम से बरसता रहा।।
कश्मकश का समंदर जिगर में लिए।
फिर भी मैं सामने सबके हँसता रहा।।

*****

याद कर कर तुम्हें कल मैं रोया बहुत।
दर्द पर आंसुओं संग बह ना सके।।
चाह कर भी हजारों दफा आपसे।
दिल की हम बेबसी तुमसे कह ना सके।।

*****

याद कर मैं तुम्हें गम से भर जाता हूँ।
बिन तेरे जिंदगी से मैं डर जाता हूँ।।
कैसे गुजरेगी तुम बिन मेरी उम्र ये।
सोच कर ही मैं सौ बार मर जाता हूँ।।

*****

अब नहीं कोई मंजिल तुम्हारे बिना।
अब नहीं कोई साहिल तुम्हारे बिना।।
मौत आती नहीं दम निकलता नहीं।
कितना बेताब है दिल तुम्हारे बिना।।

*****

शिकार-ए-इश्क जो हुआ हुआ खतम समझो।
संग मिरे प्यार के धोखे हुआ सितम समझो।।
गर मिले तुमको चार पल खुशी मुहब्बत में।
ऐ मेरे दोस्त उसे उम्र भर का गम समझो।।

*****

धोखा हम खा गए दोस्तों प्यार में।
सब जरूरत के रिश्ते हैं संसार में।।
ठहरा मैं आदमी तुम खुदा हो गए।
है यहीं फर्क हम दोनों के प्यार में।।

*****

मुहब्बत गिड़गिड़ाने का नाम है।
मुहब्बत फड़फड़ाने का नाम है।।
करो तौबा मुहब्बत नाम से भी।
मुहब्बत दिल जलाने का नाम है।।

तेरे लिए गीत ग़ज़ल लिखना सीख सकता हूं।
तेरे बिन जिंदगी जीना भी सीख सकता हूं।।
मैंने दौलत नहीं कमाई ना ही ख्वाहिश है।
फिर भी तेरा गुरूर मैं खरीद सकता हूं।।

*****

भरोसा इस बदलते दौर में करना नहीं अच्छा।
रोज आशिक़ से अपने इस तरह लड़ना नहीं अच्छा।।
गमों की जद में आ जाओगे मेरी बात को समझो।
मुझे इस दौर में दिल से सुनो पढ़ना नहीं अच्छा।।

*****

तुमको शाम ओ शहर मैं लिखता हूं।
बनके अब मैं किताब बिकता हूं।।
दिल से मैं और भी ज्यादा हूं बुरा।
जितना चेहरे से तुम्हें दिखता हूं।।

*****

जिंदगी का मेरी इतना ही सार निकला है।
आदमी महज़ एक दर्द-ओ-गम का पुतला है।।
करीब से नहीं देखी है जिंदगी जिसने।
तमाम उम्र हथियाने को वही उछला है।।

जाओ घर अजनबी के साथ रात मत कीजै।
किसी के इश्क़ में आदत खराब मत कीजै।।
जिंदगी छोड़िए मिलती नहीं है मौत तलक।
किसी से इश्क़ अजी बेहिसाब मत कीजै।।

*****

कौन है जो मेरी पलकों में पिघल जाती है।
मेरी आँखों से अश्क़ बनके निकल जाती है।।
सामने मेरे जो करती है मुझसे नफरत पर।
कौन है वो जो मेरी छुपके ग़ज़ल गाती है।।

*****

आंख लड़ती है तो लड़ जाने दो।
डूब कर अब मुझे मर जाने दो।।
किसने रोका न सितम हम पे करो।
मेरे हालात बिगड़ जाने दो।।

*****

मैं जुदा खुद हुआ उसने छोड़ा नहीं।
उसने रिश्ता किसी से भी जोड़ा नहीं।।
चोट मुझको लगी वो अलग बात है।
पर मेरे रास्ते का वो रोड़ा नहीं।।

पहन के सूट आऊंगा सफारी देख लेना तुम।
मैं इक दिन आऊंगा लेके फेरारी देख लेना तुम।।
तुम्हें दुलहन बना कर मैं विदा करवा ले जाऊंगा।
होगी सच बात एक दिन ये हमारी देख लेना तुम।।

*****

लोगों ने समझना छोड़ दिया।
हमने भी कहना छोड़ दिया।।
हम उक्ता गये जमाने से।
गलियों में दिखना छोड़ दिया।।

*****

मौत आएगी तो मर जाएंगे।
रहे जिंदा तो कुछ कर जाएंगे।।
मौत का भी नहीं है खौफ हमें।
ये न समझो कि हम डर जाएंगे।।

*****

रोज पीना पिलाना गलत बात है।
रोज झूठा बहाना गलत बात है।।
राह चलते हुए अजनबी को देख।
इस तरह मुस्कुराना गलत बात है।।

इसमें इंसान कहां रहते हैं।
जिसे दुनिया ये लोग कहते हैं।।
मेरी तो उम्र कट गई आधी।
अब भी हम जुस्तजू में रहते हैं।।

*****

तुमने क्या टोटका किया मुझपे।
दर्द हर पल जो तिरा सहते हैं।।
ढूंढ़ने से मिला न कोई सबब।
दरिया क्यूँ आँख से फिर बहते हैं।।

*****

कोई तो है जो मुझे छुपके गुनगुनाती है।
कौन है जो मुझे हर सम्त नजर आती है।।
पहले भरती है वो सैलाब-ए-गम से दिल मेरा।
फिर ग़ज़ल बन मेरी कलम से निकल जाती है।।

*****

क्या बताऊं कि तिरी याद है कितनी जालिम।
जब भी आती है मुझे दर्द से भर जाती है।।
खुद को नजदीक से जब देखता हूं 'रघुवंशी'।
मिरी तो जीने की तमन्ना ही मर जाती है।।

हाँथ आएंगे तेरे न हम जिंदगी।
हमको मालूम है हर हकीकत तिरी।।
थक गया हूं गुलामी से तेरी बहुत।
इल्तजा है कि अब छुट्टी कर दे मिरी।।

*****

खुद ही से आज रूबरू हुआ तो यह जाना।
इस तरह से नहीं अच्छा किसी पे मर जाना।।
कभी जो मुझको मिला ही नहीं प्यार तेरा।
उम्र भर भरता रहा मैं उसी का हर्जाना।।

*****

प्यार के इर्द-गिर्द भूल के न जाना कभी।
कोई गर प्यार जबां से कहे तो डर जाना।।
काबिल-ए-दोस्ती नहीं ये जहां 'रघुवंशी'।
छोड़कर हाथ मेरा आप लौट घर जाना।।

*****

मैंने जिससे किया था प्यार दगा उसने दिया।
मेरे ख्वाबों के घर में आग लगा उसने दिया।।
बड़ी मुश्किल से बसाई थी छोटी सी दुनिया।
मेरी चाहत का ये घर-बार जला उसने दिया।।

जबसे तू मुझसे ऐसे खफा हो गई।
मौत तबसे मेरी बेवफा हो गई।।
क्या बताएं कि अब कैसे जीते हैं हम।
जिंदगी जैसे अब बद्दुआ हो गई।।

*****

जबसे वो लड़की मेरा जिगर हो गई।
तबसे ये जिंदगी दर्द-ए-सर हो गई।।
ऐ खुदा क्या हमारा गुनाह है बता।
जो हमारी मुहब्बत जहर हो गई।।

*****

कि तुमने जब इरादा कर लिया है दूर जाने का।
नहीं कोई जरूरत अब तकल्लुफ़ कर बताने का।।
सबर कर तू तड़पना छोड़ दूंगा मैं तिरे खातिर।
जरा सा वक्त दे दे तू याद कर कर भुलाने का।।

*****

मेरे मेहबूब मेरी जाँ मेरी क्या है खता बोलो।
मुझे तो प्यार है तुमसे तुम अपना फैसला बोलो।।
मैं हर पल एक मुद्दत से गुनाह-ए-इश्क करता हूँ।
मुझे मंजूर है सब तुम मोहब्बत की सजा बोलो।।

गुल मुहब्बत का दिल में लगा दीजिए।
हमको थोड़ी सी दिल में जगह दीजिए।।
हाल मेरा कहाँ अब है तुमसे छुपा।
मुझपे खा के तरस फैसला दीजिए।।

*****

प्यार का दिल में गुलशन खिला दीजिए।
आँख से आँख मेरी मिला दीजिए।।
मैं न दुनिया में आऊं कभी होश में।
जाम ऐसा नजर से पिला दीजिए।।

*****

तुमसे हम कब बिछड़ गए हमें पता न चला।
दिल से हम कब उतर गए हमें पता न चला।।
गलतफहमी थी हमें दिल में तेरे रहने की।
नजर से कब यूँ गिर गए हमें पता न चला।।

*****

मेरी चाहत पर ऐतबार न कर।
तुझे कसम है मुझसे प्यार न कर।।
घर बसा ले तू भूल कर मुझको।
बेवजह मेरा इंतजार न कर।।

मेरे दिल में गीत तुम्हारा गाया जाता है।
हर धड़कन हर सांस में तुम्हें बुलाया जाता है।।
हुई थी तुमसे मुलाकात बरसों पहले लेकिन।
अब भी मुझ में असर तुम्हारा पाया जाता है।।

*****

हुस्न-ओ-शबाब तेरा किसको न करदे घायल।
तेरी सादगी के यारा हम हो गये हैं कायल।।
बिजली सी तड़कती है मेरे तो जान-ओ-दिल में।
जब छन्न से बजती हैं पैरों में तेरे पायल।।

*****

आजादहिंद के अधिनायक,
आजादी के पथ उन्नायक।
हे वीर सुभाष! नमन तुमको,
भारत के जन-जन के नायक।।

*****

हे नव युग के आधारशिला!
तुमसे मुक्ती का द्वार खुला।
भारत माता को तुमसे ही,
आजादी का उपहार मिला।।

*****

क्या पता था कि ऐसे भी दिन आएंगे।
छुपके गम कागजों पे लिखे जाएंगे।।
मुस्कुराते हैं जिनकी पनाहों में हम।
उनके ही प्यार में कत्ल हो जाएंगे।।

*****

तन कुँवारा रहा मन विवाहित हुआ।
यूँ तेरा प्रेम दिल में समाहित हुआ।।
दूर रह के भी मैंने जिया है तुम्हें।
सांस बन के तू मुझमें प्रवाहित हुआ।।

*****

मुक्त अशआर

हमने खुद पैर पे मारी है कुल्हाड़ी अपने।
दर्द में अपने हमें खुद ही तड़पना होगा।।

— राघवेंद्र सिंह 'रघुवंशी'

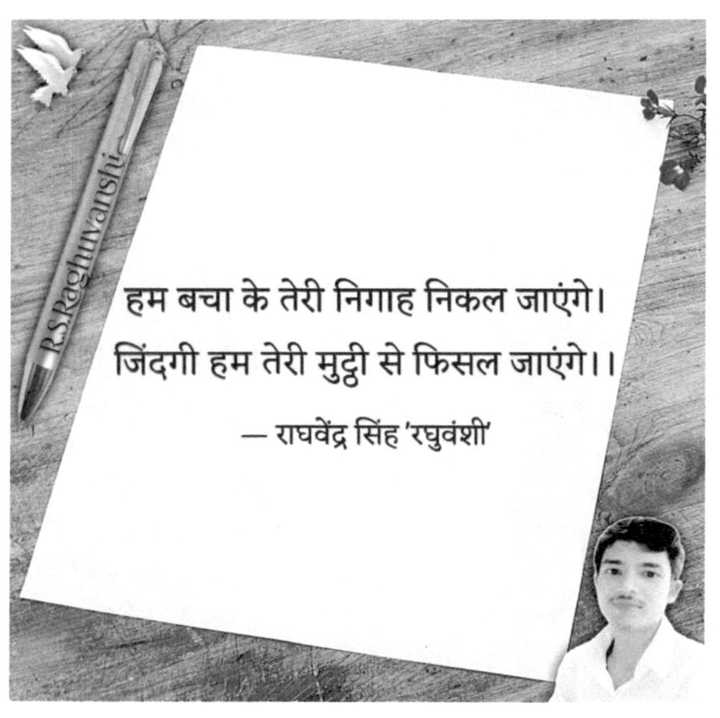

हम बचा के तेरी निगाह निकल जाएंगे।
जिंदगी हम तेरी मुट्ठी से फिसल जाएंगे।।
— राघवेंद्र सिंह 'रघुवंशी'
R.S.Raghuvanshi

70. मुक्त अशआर

दर्द इतना कहां हमें कि रो सकें हम भी।
हरसू खुशियों के काफिले से घिरे हैं हम तो।।

*****

अपने ही कमरे में अक्सर जो छुप छुप के रोते है।
लोग वही अक्सर मंचों पर गाते पाए जाते हैं।।

*****

चलती फिरती उन्ही लाशों में गिनों मुझको भी।
दर्द से होने को रिहा जो मौत कहते हैं।।

*****

एक मुद्दत से अंधेरे में गुजर करता हूं।
मैं नहीं जानता ये रोशनी क्या होती है।।

*****

ऐ ज़िंदगी तू करले इस्तीफा कुबूल मिरा।
थक गया हूं मुझे आराम की जरूरत है।।

*****

यहां जो शख्स मुहब्बत में फंसा होता है।
महज वो दर्द छुपाने को हंसा होता है।।

*****

नकाब-ए-खुशी में घुटन सी मुझे होती है।
मेरे चेहरे से ये नकाब उतारा जाए।।

*****

ये ग़ज़ल-ओ-शेर-ओ-शायरी तो इक बहाना है।
मुझे हर सांस में तुमको जो गुनगुनाना है।।

*****

दिल लगाने की मुझसे खता ना करो।
जल्दबाजी में यह फैसला ना करो।।

*****

जिंदगी वक्त-ओ-मुकद्दर का खेल है यारों।
है कोई वक्त का मारा कोई मुकद्दर का।।

*****

हिज्र तेरी मुझे भीतर से खाए जाती है।
होना कमजर्फ लाजमी है जिस्म का मेरे।।

*****

सबको करती है नियंत्रित ये प्रकृति हर एक क्षण।
जो भी करता है जो प्रकृति का इशारा समझो।।

*****

जिस एहसास को मैंने जिया नहीं है कभी।
उस किसी बात को मैंने लिखा नहीं है कभी।।

*****

हजार बार जार जार रो लिए नैना।
किसी से करके हमने प्यार खो लिए चैना।।

*****

शोला बन वो अचक दिल में सुलग जाता है।
दूर हो कर भी वो मेरे गले से लग जाता है।।

*****

सहरा में गम के रहने की आदत सी हो गई।
ऐसा नहीं खुशियों की हमको तिश्नगी नहीं।।

*****

वो मुझसे वादा करके बात से मुकर गया।
उसका मजाक मुझको मुहब्बत से भर गया।।

*****

उसकी उल्फ़त का तकाज़ा न यूँ लगाया करो।
उस समंदर का मैं कतरा भी नहीं लिख पाता।।

*****

एक एहसास जेहन में रहा मरते दम तक।
वो मेरे पास जेहन में रहा मरते दम तक।।

*****

अपने ही गांव में परदेसी, हम बन के आते जाते हैं।
शहरों में भाड़े में रह कर, नौकर बन इतराते हैं।।

*****

कोई तस्वीर जब आंखों में ठहर जाएगी।
याद में जिंदगी तन्हा ही गुजर जाएगी।।

*****

उन गेसुओं की गुगली उलझा रही है मुझको।
उल्फ़त में फंसा कर वो सुलझा रही है मुझको।।

*****

कई बार हमने तोला चाहत के तराजू से।
तब जाके हुनर तुमको लिखने का हमें आया।।

*****

सरेआम बज़्म में कोइ बदनाम हो न जाए।
जुल्फ़ें न यूँ बिखेरो कहीं शाम हो न जाए।।

*****

जब तलक राह-ए-जिंदगी समझ में आती है।
तब तलक खत्म हो जाता है आदमी का सफर।।

*****

कुछ भी हासिल न हो सका हमें जमाने में।
उम्र गुजरी फ़ख़त दो रोटियां कमाने में।।

*****

प्यार करने का दिल में गिला रह गया।
दर्दो गम का महज सिलसिला रह गया।।

*****

जो मेरा बनके मेरी हाल खबर लेता है।
बस यूँ समझो वो मेरी माप-ए-कबर लेता है।।

*****

मैं इतनी दूर आ गया हूँ गलत रस्ते पे।
वापसी भी करूँ तो उम्र गुजर जाएगी।।

*****

जिनके घरबार नहीं हैं कभी उनसे पूछो।
फ़ख़त जीने की जद्दोजहद किसे कहते हैं।।

*****

दिसंबर की तरह मैं भी बचा हूं मुझमें थोड़ा सा।
गिला मैं क्या करूं दुनिया में गैरों के बदलने का।।

*****

मैं भी तन्हा रहूँ कैसी ये बात करते हो।
मैं तो तन्हाई से ही गुफ़्तगू कर लेता हूँ।।

*****

कोई तो रोज जिंदगी में आखिरी होगा।
इसी उम्मीद में सदियां गुजार दी हमनें।।

*****

काश वो शख़्स सफ़र में मिला नहीं होता।
तनहा जी ने का हमें भी गिला नहीं होता।।

*****

हंसते-हंसते मुझे विदा भी करो अब यारों।
मौत के पार राह ताक रही है मंजिल।।

*****

उसकी यादों में डूब कर मैं जब लिखूं उसको।
उसकी आवाज भी कानों को मिरे चुभती है।।

*****

दिल में सैलाब-ए-अश्क़ लेके उम्रभर भटके।
बेबसी यूँ रही दो अश्क़ भी बहा न सकें।।

*****

दर्द से भर गया हूँ चीख के मुझे रोने दो।
ओढ़ के मौत की चादर सुकूँ से सोने दो।।

*****

इलाज-ए-इश्क हो कोई तो हमको इत्तला करना।
हमें 'रघुवंशी' मुद्दत से कुछ ऐसी ही बीमारी है।।

*****

किसी की याद में पागल सा फिरे है कोई।
किसी से इतनी भी शोहरत नहीं देखी जाती।।

*****

जितना खुश हूं मैं भला कौन ज़माने में है।
नहीं पैसे में मजा प्यार कमाने में है।।

*****

जिंदगी जब तुझे करीब से देखा मैंने।
अकेली मौत ही हमदर्द सी लगी मुझको।।

*****

एक पल में हजार मौत भी मैं लिख दूं अगर।
तब भी कम है ये जिंदगी को बयां करने को।।

*****

इतना है दर्द ज़माने में बताऊं कैसे।
उम्रभर बैठकर रोऊँ भी तो बयाँ न हो।।

*****

मैं चाहता हूँ कि मैं उम्रभर बीमार रहूँ।
रोग इंसानियत का मुझको लगा दे मौला।।

*****

दर्द हर शख़्स के दिल का मैं भांप लेता हूँ।
मुस्कुराहट से ज़ख़्म-ए-रूह नाप लेता हूँ।।

*****

रात दिन उम्रभर अगर मैं दर्द-ए-दुनिया लिखूं।
हजारों जन्म भी कम हैं मुझे लिखने के लिए।।

*****

गम मेरा तिनका भी नहीं जहान के आगे।
सोचकर गम-ए-ज़माना मैं सिहर जाता हूँ।।

*****

दर्द का दरिया है रोने की मनाही क्यूँ है।
या खुदा इस तरह की दुनिया बनाई क्यूँ है।।

*****

न था न है मुकाबला मेरी मुहब्बत का।
पैसा उम्मीदवार था तभी हम हार गए।।

*****

हम से उम्मीद-ए-मुहब्बत न किया कीजै तुम।
तुम जफ़ा हमसे रकीबों से वफा कीजै तुम।।

*****

मुझे भी सूरत-ए-वफ़ा तो दिखाए कोई।
न मिले तो किराए पर ही ले आए कोई।।

*****

चार पल मुस्कुरा के जीलो जिंदगी है वही।
प्यार बांटो सभी में सच्ची बंदगी है वही।।

*****

आँखों में अश्क़ का समंदर है।
जरूर गम दिल के तेरे अंदर है।।

*****

दर्द देते गए दिल में जिनको रखा।
हम कभी इस जमाने से हारे नहीं।।

*****

मैं जीते जी तुम्हें कभी न भूल पाऊंगा।
फिर किसी को न मैं दिल से कुबूल पाऊंगा।।

*****

मेरी आंखों में झांकिए कभी गम-ए-उल्फ़त।
ठहरे हुए दरिया की गहराई मापने के लिए।।

*****

मुझसे आवारा दिल ये इंकलाब करता है
दिल अवारा मेरा मुझपे सिताब करता है।

*****

अवारा दिल ये मेरा गम इजात करता है।
ख़्वाब में उनसे अकेले में बात करता है।।

*****

जिसने मतला तलक पढ़ा नहीं गजल का मिरी।
वो बताता है ज़माने को मिरे बारे में।।

*****

जान को मेरी मुझसे मिला दे कोई।
या तो जाम-ए-जहर फिर पिला दे कोई।।

*****

कितनी कमजोर है जिजीविषा मेरी देखो।
लगी है लगने बेमतलब सी जिंदगी मुझको।।

*****

दर्द को हूबहू लिखने का हुनर रखते हैं।
गम में भी ख़ुशनुमा दिखने का हुनर रखते हैं।।

*****

न जाने कितने लबों का मैं अब तराना हूं।
हजारों दर्द-ए-दिलों का मैं दवाखाना हूं।।

*****

दोगलापन मुझे भी चुभता है।
आदमी हूँ मैं खुदा थोड़ी हूँ।।

*****

जिसे कहते हो इश्क दर्द का वो दरिया है।
मुहब्बत खुदकुशी करने का एक जरिया है।।

*****

ढूंढनी पड़ती थीं तस्वीरें गैलरी में तेरी।
हमने कमरा सजा लिया तेरी तस्वीरों से।।

*****

तेरे हर दर्द को मरहम बना लिया हमने।
तेरी यादों का एलबम बना लिया हमने।।

*****

हारे हुए नाकाम लोग।
हम हैं यारों बदनाम लोग।।

*****

हमने तुम्हें याद करना छोड़ दिया।
तुम्हें महसूस जबसे करने लगे।।

*****

याद में जिसकी तड़पके मैं फफककर रोया।
मेरा क़रार लूट कर वो चैन से सोया।।

*****

दिल में बस एक बची है ख्वाहिश।
फिर से कोई न मुझे ख्वाहिश हो।।

*****

कहाँ होगा इलाज़-ए-गम मेरा ज़माने में।
हकीमों को भी दिलचस्पी है दिल दुखाने में।

*****

जिंदगी मौत से भी दर्दनाक है देखो।
मर के भी जिंदा हूं अजीब बात है देखो।।

*****

अंदाज-ए-बयां सबसे मीठा दर्द-ए-जिंदगी।
'रघुवंशी' उसे कहते हैं इक लफ्ज़ में ग़ज़ल।।

*****

जिसे भी अपना जमाने में मैंने समझा है।
उसी ने संग मेरे सुलूक किया गैरों सा।।

*****

फिरसे इक बार मुहब्बत कर लो।
हमारे प्यार की इज्जत कर लो।।

*****

ताउम्र तेरी मोहब्बत की हिफाजत की है।
मिरे दिल ने खुदा सी तेरी इबादत की है।।

*****

यूँ न उंगली पे जुल्फें लपेटा करो।
हमको तिरछी नजर से न देखा करो।।

*****

दर्द से जिसने भर दी मेरी जिंदगी।
रो पड़ा वो मिरे दर्द को देख कर।।

*****

दुनिया में सब फरिश्ते ही रह जाएंगे।
जिस रोज हम ज़माने में मर जाएंगे।।

*****

हो जिंदगी ही बद्दुआ तो क्या दुआ कीजै।
होने को ठीक मुझे जहर की दवा दीजै।।

*****

हजार बार ज़ार ज़ार दर्द में रोऊँ।
फिर भी ये दर्द जिंदगी तेरा नहीं जाता।।

*****

कोई तो इल्म होगी दर्द बयां करने की।
भला कब तक जिगर में दर्द समेटे कोई।।

*****

बहुत गिरा हुआ मैं आदमी हूं क्या बोलूं।
बेहतर है कि दूरियां रखी जाएं मुझसे।।

*****

सबके पास हुनर हंसने का कौन यहां अब रोता है।
थकन सुला देती है जबरन कौन यहां अब सोता है।।

*****

खुद पर नाज बहुत है जिनको जो खुद पे इतराते हैं।
अक्सर वो सीधे रस्तों पर औंधे मुंह गिर जाते हैं।।

*****

जब भी मैं उदास होता हूँ।
बेजुबानों के पास होता हूँ।।❣

*****

खिलखिला के बड़ी बेशर्मी से हँसता है जो।
अक्सर खुद की मौत की दुआ करता है वो।।

****

कतरा भर दर्द-ओ-गम लिए मैं परेशाँ हूँ मगर।
दिल में सैलाब-ए-गम लिए भी है खामोश कोई।।

*****

जिंदगी दर्द हो तो दर्द में बसर करना।
किसी से कतराभर खुशी न मांगना यारों।।

*****

इस कदर लाइलाज जिंदगी हुई मेरी।
छोड़कर मौत कारगर नहीं दवा कोई।।

*****

हमसे तुम बेवजह न प्यार जताया कीजै।
कैसे जीते हैं जिंदगी न सिखाया कीजै।।

*****

अपनी अपनी जगह है बात सही सबकी मगर।
कोई खुद को खुदा समझे तो गलतफहमी है।।

*****

हीर या लैला हर लड़के की किस्मत में नहीं होती।
मुकद्दर में किसी के बेवफ़ा भी लिख दी जाती है।।

*****

कौन है वो जो सुबह-ओ-शाम मुझको याद आती है।
कि हर पल याद में जिसकी मेरी ये जान जाती है।।

*****

कुछ कहा कुछ सुना गुफ्तगू हो गई।
दिल से तकलीफ थोड़ी सी छू हो गई।।

*****

हमें रुसवाइयों से डर नहीं लगता जमाने में।
जहर ही जब दवा बन जाए तो क्या हर्ज खाने में।।

*****

टूट कर जर्रा - जर्रा बिखर जाएंगे।
कश्मकश में हम इक रोज मर जाएंगे।।

*****

जो भी तू करता है या तुझसे हो जाता है धोखे से।
न कर अफसोस मर्जी कुछ खुदा की भी रही होगी।।

*****

हुकूमत एक अजनबी की यूँ चली दिल पे।
न जाने कब मैं अजनबी खुद ही से हो बैठा।।

*****

क्या पता था कि ऐसे भी दिन आएंगे।
हम तुम्हारी ही नजरों से गिर जाएंगे।।

*****

गली कूँचों तिराहों पे लगे हैं बस तिरे पर्चे।
मेरे दिल के शहर में हैं तुम्हारे नाम के चर्चे।।

*****

किसी इंसान से झगड़ा है मुनासिब लेकिन।
किसी की याद से किस तरह लड़े कोई भला।।

*****

यहां पर एक जिंदगी है अधूरी कितनी।
हर घड़ी अपना इक हिस्सा तलाश करती है।।

*****

हर कदम पे जो जिंदगी के साथ साथ चले।
'रघुवंशी' उसी साये को ग़ज़ल कहते हैं।।

*****

छोटा मोटा दर्द जिगर में होता रहता है।
अक्सर दिल मेरा घण्टों तक रोता रहता है।।

*****

उम्र तिरी याद के सहारे काट लेंगे हम।
बिताने हैं कुछ एक साल हमें सदियां नहीं।।

*****

कब तलक बैठे रहे जिंदगी की कश्ती में।
कब तलक सांस लिया जाय जबरदस्ती में।।

*****

तू ही कविता गीत ग़ज़ल है तू ही मेरी धड़कन है।
तू ही है प्रतिबिंब मिरा और तू ही मेरा दर्पण है।।

*****

एक जो शख़्स खयालों का मेरे हिस्सा है।
ये ग़ज़ल गीत शायरी उसी का किस्सा है।।

*****

चेहरे की चमक उदासी से चली जाती है।
कभी सुना है सूखी कली मुस्कुराती है।।

*****

जितना सागर में पानी मैं उतना प्यार तुम्हें करता हूं।
मेरे दिल में कितनी बेचैनी है तुम बिन तुम क्या जानो।।

*****

दामन-ए-मौत गर मुझको मिल जाए तो।
पार लग जाए जीवन की कश्ती मेरी।।

*****

जो करता है नजरअंदाज मुझे बनके मेरा।
ऐ खुदा उसके इस शौक-ए-जुनूँ पे नेमत रख।।

*****

रब मिरे अब तू ही मुझको इतना बता।
मौत भी ना मिले क्या हूँ इतना बुरा।।

*****

कि समझ-ओ-सोचकर करते मुहब्बत हम अगर तुमसे।
तो फिर क्या फर्क रह जाता मुहब्बत और साजिश में।।

*****

बड़ा आसान है हंसना किसी भी शायर पर।
किसी शायर को समझ के दिखाओ तो जाने।।

*****

किसी से डर नहीं सकती।
मुहब्बत मर नहीं सकती।।

*****

हर इंसान है मौके की ताक में अब तो।
खुदा किसी को बनाके मलाल मत करना।।

*****

हम तेरा प्यार पाके महक जाएंगे।
यूँ न देखो हमें हम बहक जाएंगे।।

*****

जो भी दामन मैं थाम लूं वो छूट जाता है।
मैं जिसे अपना मान लूं वो रूठ जाता है।।

*****

और कुछ ना हमें आप समझाइये।
बनके दुलहन मिरे आप घर आइये।।

*****

छोड़के तुम जहां पे गईं थीं मुझे।
मैं वहीं पर खड़ा हूं जरा देखिए।।

*****

वजन जितना बढ़ा मिरी शायरी का।
उतना भीतर से खोखला हूँ मैं।।

*****

मरे हम जा रहे थे जिसके बिन।
उसी ने कर दिया जीवन बीमा।।

*****

जितनी दौलत पे तुम इतना गुमान करते हो।
उतनी हम पान खा के थूक दिया करते हैं।।

*****

जिसको सारा ये जमाना सलाम करता है।
वो शख्स भी किसी के पैर की जूती है महज।।

*****

होते हुए हजारों गोपियों के कन्हैया।
कितना है अधूरा महज इक राधिका के बिन।।

*****

गुल गुलिस्तां या मुहब्बत की दास्तान लिखूं।
इजाजत हो तो कानपुर को अपनी जान लिखूं।।

*****

मोहब्बत कर रहे हो या कोई एहसान तुम हम पे।
है गर एहसान रब के वास्ते हम पर न तुम कीजै।।

*****

जकड़ती जा रही हैं उलझनें कुछ इस तरह हमको।
निकलना तय है दम इक रोज मैं दावे से कहता हूं।।

*****

मैं हूं मुजरिम मुहब्बत का मिरा अब कत्ल कर दीजै।
अदालत से भरोसा उठ न जाए आम लोगों का।।

*****

मुझे अफसोस है दिल तक मैं तेरे जा नहीं पाया।
लिखा तुझे उम्र भर लेकिन तुझे मैं पा नहीं पाया।।

*****

लिखी होती नहीं लैला हर इक लड़के की किस्मत में।
किसी को तो निभाना होगा रिश्ता बेवफाओं से ।।

*****

हुनर हंसने का जो अच्छे से सीख आया है।
समझलो उतनी ही ज्यादा वो चोट खाया है।।

*****

रहा मरहम के मैं करीब उम्र भर फिर भी।
कभी जख्मों पे लगाने को मयस्सर न हुआ।।

*****

जीने की आरजू हुई तो जिंदगी न मिली।
आरजू बदली मगर मौत भी मिली न हमें।।

*****

डूब जाए न कहीं तेरे आंसुओं से शहर।
बस यही सोचके तुमसे न आजतक मैं मिला।

*****

जबसे तिरे प्यार का पीपल उगा मिरे दिल में।
खयाल में भी कली फिर नहीं पनपी कोई।।

*****

तू ही नहीं इक मुझसे ये सारा जग रूठा रहता है।
दूध का धोया जग सारा ये मुझको झूठा कहता है।।

*****

दिल में दर्द छुपा कर रखना यह मेरी मजबूरी है।
अब दुनिया से हंसकर मिलना मेरा बहुत जरूरी है।।

*****

मिरा तो कत्ल भी किश्तों में हुआ 'रघुवंशी'।
क्या बताएं तुम्हें हम अपने प्यार का किस्सा।।

*****

हम बचा के तेरी निगाह निकल जाएंगे।
जिंदगी हम तेरी मुट्ठी से फिसल जाएंगे।।

*****

मुहब्बत हो गई जिसको उसे तो दर्द होना है।
कोई खुश है किसी को उम्रभर दिन रात रोना है।।

*****

इश्क में कैदी बन के हमने सदी काटी है।
ग़मज़दा हो के भी गैरों में खुशी बांटी है।।

*****

खुशी जैसी खुशी होती नहीं अब।
महज है गम छुपाने का सलीका।।

*****

जो भी मुझको मिला गम से ही मिला।
खुशियों से दुश्मनी है बचपन की।।

*****

हमको हंसने की तमन्ना थी मगर।
आ गए अश्क ना जाने कैसे।।

*****

किसी का दिल किसी की याद में दिन रात रोता है।
किसी का दिल बड़ा खुश सोच के ये बात होता है।।

*****

ढोते-ढोते मैं तिरा बोझ थक गया हूं सुन।
है तैयारी तिरे बर्खास्तगी की जिस्म मिरे।।

*****

प्यार करती है मुझसे।
पर वो कहती नहीं है।।

*****

मुझपे अक्सर ये तिरी याद सितम करती है।
दिल में सैलाब है तो आँख क्यूँ नम करती है।।

*****

जहर लगे है हर एक लम्हा जिंदगी मुझको।
जिएं तो किस तरह जिएं कोई बताएं हमें।।

*****

मेरी हर बात ज़माने को अब खटकती है।
मेरी हर सांस जिंदगी को बुरी लगती है।।

*****

ये जिंदगी बहुत बड़ी है क्या बताएं हम।
इतने लंबे समय तक कौन साथ देगा मेरा।।

*****

सांस लेने से साफ-साफ हम मुकर जाते।
मर के हमको सुकूँ मिलता तो कबके मर जाते।।

*****

तुमको नहला न पाऊंगा दौलत से पर।
खुश रखूंगा हमेशा है वादा मेरा।।

*****

हमें बदनाम अब तुम क्या करोगे।
हम तो बदनाम हैं पहले से यहां।।

*****

आज दुनिया में जिसे मेरी जरूरत है नहीं।
मुझे भी उसकी जरूरत नहीं पड़ेगी कभी।।

*****

गम खुशी की ये आमद बहुत हो गई।
जिंदगी की खुशामद बहुत हो गई।।

*****

मैं बहुत हूं बुरा मुझको मालूम है।
गर मुझे तू बताए तो क्या है नया।।

*****

मैं तेरे वास्ते खुशियों का शजर लाया हूं।
तुझे देने को मैं तोहफे में जिगर लाया हूं।।

*****

प्यार का इक भँवर दिल में ऐसे उठा।
जिंदगी की जो कश्ती बहा ले गया।।

*****

थक गया हूं ऐ जिंदगी तेरी गुलामी से।
मुझे बर्खास्त तू कर दे तो मेहरबानी हो।।

*****

ऐ जिंदगी रफा दफा हिसाब कर दे मिरा।
और तेरी चाकरी हमसे नहीं करी जाती।।

*****

हम भी इतराएंगे मौत को आने दे।
जिंदगी तू क्या समझी कि हम डर गए।।

*****

दर्द में तो सभी रोते है जमाने में मगर।
किसी की याद में भी रो के देखिए तो सही।।

*****

तू किसी और की किस्मत है जानता हूँ मगर।
खामखा मैं भी मुकद्दर से उलझ बैठा हूं।।

*****

अब तेरी और हुकूमत ना चलेगी मुझपे।
छोड़ कर जा रहा हूँ जिंदगी शहर तेरा।।

*****

कौन ठहरा था मेरे दिल के छोटे से कबीले में।
बुलाओ उस फरिश्ते को कबीले में उदासी है।।

*****

जब भी तन्हाई तेरी याद बनकर आती है।
ऐसे लगता है गोया जान निकल जाती है।।

*****

तुम्हारी याद के कांटों से छलनी है कलेजा यूँ।
हमें हर सांस की कीमत चुकानी पड़ती है मर के।।

*****

ना खुशी गम सही गुनगुनाते रहो।
सामने दुनिया के मुस्कुराते रहो।।

*****

मैं आईना हूं कभी खुद को देखिए मुझमें।
मिरे चेहरे पे तिरा अक्स नजर आएगा।।

*****

शहर-ए-सुकूत दिल मेरा मुद्दत से है मगर।
हर-सू तेरी आवाज गूंजती है आज भी।।

*****

ऊंचा उड़ने का जितना दम्भ भर रहे हो तुम।
सच कहूँ तो जरा पर अपने देख लो पहले।।

*****

इल्म कोई तो एक दिन मैं ढूंढ लूंगा मगर।
मुझे अफसोस है तुमको ना भूल पाने का।।

*****

मौत के खौफ से वह निडर कर गई।
वो मुझे गीत ग़ज़लों का घर कर गई।।

*****

करता किसपे भरोसा वो बोलो यहाँ।
मन में घुट-घुट के वो दर्द सहता रहा।।

*****

जिनके दौलत की है कद काठी बड़ी दुनिया में।
यह जरूरी नहीं कि सोच बड़ी हो उनकी।।

*****

मसाल-ए-इश्क जहां में न बुझाने देंगे।
नफरतों से तुम्हें दुनिया न जलाने देंगे।।

*****

ये जो जुमले हैं किताबी हमें ना समझाओ।
और कोई बात हो तो ठहरें वरना चलते हैं।।

*****

मैं भी रोता रहा वह भी रोती रही।
किसको क्या था गिला भूल दोनों गए।।

*****

हमारा प्यार कोई कागजी गुलाब नहीं।
जिसकी खुशबू महज दो चार पल में मिट जाए।।

*****

इस तरह मखमली जुल्फें उंगली में तुम।
मत लपेटा करो हम बहक जाएंगे।।

*****

किसी से प्यार हो जाए तो किस्मत रूठ जाती है।
खुशी की डोर हाथों से कमबख्त छूट जाती है।।

*****

कभी हम जिंदगी में जी सके न पल भर भी।
हजार बार मेरी लाश मरी पल में रोज।।

*****

मछली ने जाल डाला और फंस गया मछेरा।
अंधेर कहूं या फिर कुदरत का करिश्मा है।।

*****

मेरी आंखों का पानी ही तुम्हें बेचैन कर देगा।
मेरी खामोशियां तुमको चुभेंगी देख लेना तुम।।

*****

जीत जाने की हवस अब न रही।
हार जाने की कसक अब न रही।।

*****

हमसे ये प्यार व्यार होगा नहीं।
हमें लगती है मुहब्बत कातिल।।

*****

गुफ्तगू तुमसे अगर हो जाए।
खुदा का मुझपे करम हो जाए।।

*****

ख्वाब में जब तू दुल्हन बनती है।
जिंदगी जिंदगी सी लगती है।।

*****

मेरी मम्मी की बहू बनना भी।
है मुकद्दर की बात 'रघुवंशी'।।

*****

जिंदगीभर यही रहा रोना।
रोना आया तो हंस लिया हमने।।

*****

कभी महसूस कीजिए मुझको।
उतर जाऊं न दिल में तो कहना।।

*****

इल्म हमको सिखाओ बदल जाने का।
इस तरह अब जिया हमसे जाता नहीं।।

*****

इतनी नफरत मेरे लिए होगी।
इस जमाने में न सोचा था कभी।।

*****

जिंदगी भर मलाल के आंसू।
हासिल-ए-इश्क यही होता है।।

*****

महफिल-ए-दिल उदास है कोई फनकार है क्या।
लिख दे मेरी तड़प कोइ ऐसा कलमकार है क्या।।

*****

संग मिरे क्या हुआ न अब पूछो।
हार जाने का मत सबब पूछो।।

*****

दुनिया सब छोड़ दीजै रघुवंशी।
यहां सब लोग एक जैसे हैं।।

*****

गुजरना ना पड़े शहर से तिरे इस खातिर।
गांव तक हमने अपने आना-जाना छोड़ दिया।।

*****

साथ मेरे किया है जो तुमने।
उसकी भी तो कोई कीमत होगी।।

*****

बद्‌दुआ तेरी असर कर जाएं।
काश मेरा ये दम निकल जाए।।

*****

दिल की मुद्‌दत की उदासी भी ना।
नूर चेहरे का छीन लेती है।।

*****

पैसे वालों के भी ये रछुले ना।
इक पतुरिया से कम नहीं होते।।

*****

हुस्न वालों के भी ये नखरे ना।
पैसे वालों से कम नहीं होते।।

*****

हार थक के मैं लौटता हूँ मगर।
फिर मुझे नींद क्यूँ नहीं आती।।

*****

मर गई दुनिया हुस्न वालों पर।
हुस्न वाले भी तो मरते होंगे।।

*****

मेरा हर लफ्ज़ नागवार गुजरता है जिन्हें।
जबां उनकी भी मुझे दोस्त कहा करती हैं।।

*****

वज्न क्या शायरी का होगा मिरी।
मैं तो खुद भी वजन में हल्का हूं।।

*****

ठसक अपनी सम्हाल के ये जेब में रखिए।
आपके बाप के हम कर्जदार थोड़ी हैं।।

*****

मिरी मौजूदगी महज से है पहरेज जिन्हें।
वो भी मिरी बात बात पे कसम खा जाते हैं।।

*****

किसी का प्यार दवा है जहर किसी का है।
बादशाहत किसी की है शहर किसी का है।।

*****

लोग जो मुझसे पूछते हैं कि क्या करते हो।
उनको कर दो खबर है इश्क़ कारोबार मेरा।।

*****

जाया है मुद्दतों से गजलों में गम का लिखना।
मैं हूँ उदास ये भी क्या बोल कर बताऊँ।।

*****

है बुरा मेरा लहजा पता है मुझे।
कुछ नया बोलिए जो न मालूम हो।।

*****

मुझे मालूम है लहजा मिरा बुरा है मगर।
क्या कभी नागफनी में भी फूल खिलते हैं।।

*****

सबके जज्बात से दुनिया ये खेलती है अब।
अरे नादां न तू अपना समझ किसी को यहां।।

*****

छोड़कर जब ये दुनिया चले जाएंगे।
देखना हम तुम्हें कितना याद आएंगे।।

*****

कद जरा चार अंगुल क्या ऊंचा मिला।
लोग कमजर्फ हमको समझने लगे।।

*****

कमरे भर की ये जिंदगी मुझको।
किसी पिंजरे से कम नहीं लगती।।

*****

जहां इज्जत उतारते हैं हम।
वहीं इज्जत भी चाहते हैं हम।।

*****

पास जब भी तिरे आ जाता हूँ।
अपनी हस्ती मैं भुला जाता हूँ।।

*****

बहुत एहसानमंद मौत हम रहेंगे तिरे।
तिरी फेहरिस्त में मुझको जो जगह मिल जाए।।

*****

चोला-ए-सराफत जहां उतार आए खुद।
हम फिर भी चाहते हैं कि इज्जत वहां मिले।।

*****

आज शौक-ए-जुनूँ जिगर में है।
कल को ये शौक भी मर जाएगा।।

*****

कल जो शौक-ए-जुनूँ जिगर में था।
कब का वो शौक मर गया मुझ में।।

*****

गलत रस्तों पे चलकर मंजिलें हासिल नहीं होतीं।
यकीं ना हो तो मुझको देख लो मैं और क्या बोलूं।।

*****

सियासी दौर में हमने मुहब्बत कर ली दुनिया में।
हमारे जीते जी मर जाने का तन्हा सबब है ये।।

*****

नादान ये दिल अंजान ये दिल तेरी याद में पल पल मरता
है।
नाशाद है दिल बर्बाद है तेरी याद में आहें भरता है।।

*****

चलो इंसानियत के रास्ते पे चलते हैं।
मिलके एक साथ जमाने को हम बदलते है।।

*****

मर गया एक जो शख्स था मुझमें।
कौन मुझमें ये सांस लेता है।।

*****

साथ मेरे ये दुनिया सारी है।
फिर भी मुझमें कमी तुम्हारी है।।

*****

खुद ही मैं दूर चला जाऊंगा।
इतना क्यूँ परेशान होते हो।।

*****

आज भी मुझे ऐसा लगता है।
सहरा में दरिया ढूंढ़ता हूँ मैं।।

*****

सीधा-साधा समझ के मुझे ठग लिया।
संग किसी के न फिर से यूँ करना कभी।।

*****

है तबाही की जड़ ये मुहब्बत मगर।
शौक से कर रहे हैं लोग आजकल।।

*****

बदनाम दुश्मनी है जमाने में पर।
मर रहे हैं लोग प्यार में आजकल।।

*****

आखरी वक्त जनाजे पे मेरे आ जाना।
इसी को उम्र भर का प्यार समझ लेंगे हम।।

*****

जबरदस्ती की जिंदगी से भी नफरत है मुझे।
जबरदस्ती का न रिश्ता निभाइए मुझसे।।

*****

उदासी है कि छोड़ती नहीं मेरा पीछा।
न जाने कौन सा गम दिल ने पाल रक्खा है।।

*****

हर घड़ी खुद के लिए मौत मांगता हूं मगर।
रब भी तेरी तरह रूठा है दुआ कौन सुने।।

*****

मेरे दिल की तड़प तुम तलक ना गई।
जबकि सारे जमाने को मालूम है।।

*****

दिल से टूटा हुआ इंसान भी ना।
चलता फिरता हुआ इक मुर्दा है।।

*****

जिंदगी मैं भी चार पल यहाँ मुसाफिर हूँ।
करले मेरी कदर हूँ आज कल कहाँ फिर हूँ।।

*****

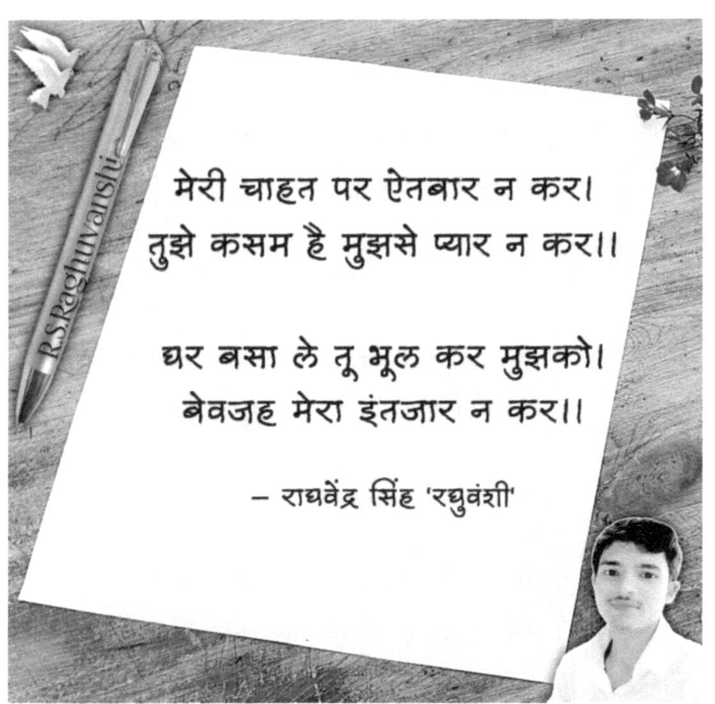
मेरी चाहत पर ऐतबार न कर।
तुझे कसम है मुझसे प्यार न कर।।

घर बसा ले तू भूल कर मुझको।
बेवजह मेरा इंतजार न कर।।

— राघवेंद्र सिंह 'रघुवंशी'

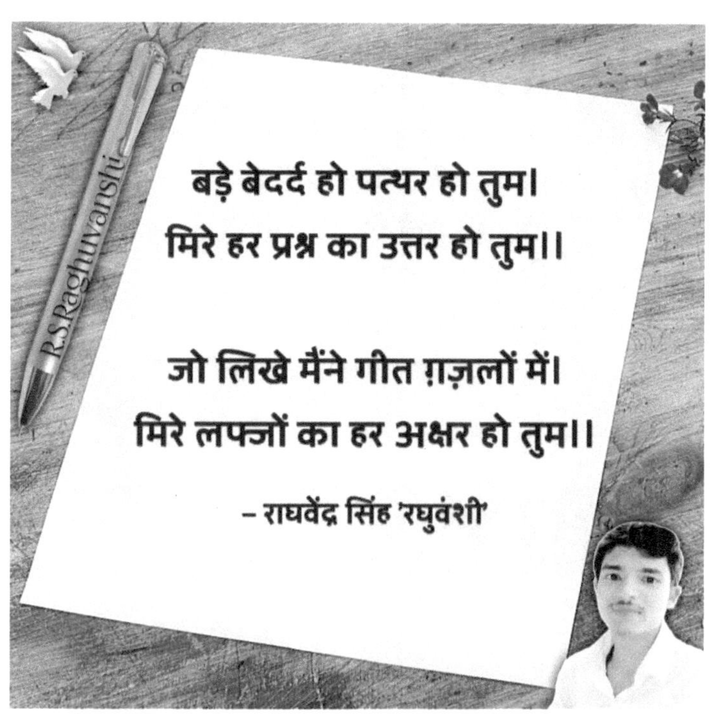

बड़े बेदर्द हो पत्थर हो तुम।
मिरे हर प्रश्न का उत्तर हो तुम।।

जो लिखे मैंने गीत ग़ज़लों में।
मिरे लफ्ज़ों का हर अक्षर हो तुम।।

– राघवेंद्र सिंह 'रघुवंशी'

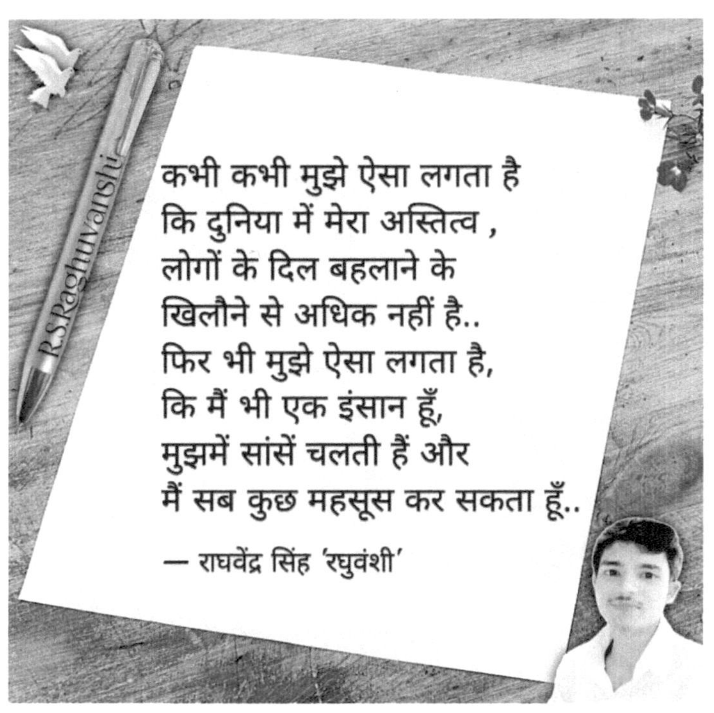

कभी कभी मुझे ऐसा लगता है
कि दुनिया में मेरा अस्तित्व ,
लोगों के दिल बहलाने के
खिलौने से अधिक नहीं है..
फिर भी मुझे ऐसा लगता है,
कि मैं भी एक इंसान हूँ,
मुझमें सांसें चलती हैं और
मैं सब कुछ महसूस कर सकता हूँ..

— राघवेंद्र सिंह 'रघुवंशी'

9 798886 411584